人生戦略としてのアジア就職

キャリア・シフト

海外キャリアコンサルタント
岡本琢磨
Takuma Okamoto

CAREER SHIFT

経済界

はじめに
ある20代女性の海外での挑戦

「3年後の亜由香さんは、どこで何をしていると思う?」と私は尋ねた。

ここはフィリピンの首都・マニラのマカティ地区。マニラの中でもマカティ地区の発展は著しく、綺麗な街並みに高層ビルが立ち並ぶオフィス街である。街並みは、東京の大手町とほとんど変わらない。

彼女との半年ぶりの再会は、そんなオシャレな街・マカティのスターバックスコーヒーだった。今回、私がインタビューをしている植木亜由香さん(仮名27歳)は、半年前に、ここフィリピンの首都マニラで海外就職を果たし、今は日系のオフィス商品の販売代理店で営業の仕事をしている。

彼女は、3年後の未来を語ってくれた。

「そうですね、おそらく今の会社にはいないと思います（笑）。たぶんマレーシアのクアラルンプールかシンガポールあたりで、アジア全域に渡って幅広い仕事をしていると思います。もしくは、フィリピンのマニラかセブで、自分のお店か会社を立ち上げて経営者になっているかも！」


この言葉を聞いて、私は驚いた。

彼女と出会ったのは、8ヶ月前のフィリピンのセブだった。私はそこで英語学校を経営しているのだが、そこには多くの20代・30代の生徒さんが在籍していて、1〜3ヶ月ほど泊まり込みで英語を勉強している。

彼ら彼女らは、その後、世界一周の旅に出たり、ワーキングホリデーの制度を使ってオーストラリアやカナダに行ったり、海外で仕事をすることを選んだりするのだが、彼女もそんな生徒さんの一人だった。

しかし、出会った当時の彼女は、今の印象とはずいぶん違っていた。チャーミングで美人なのは今と変わらないが、その頃は日本での仕事に疲れ、自分に自信をなくしていた。

前職は、長野県松本市での事務系の仕事であったが、その仕事に将来性もやりがいも見出せていなかったようだ（そして給料も安かった）。

そんなとき、休養をかねて、私が運営するセブの学校に2ヶ月ほど留学したのであった。

彼女は続ける。

「3年後には、今よりも英語でのコミュニケーションも、ずっとできるようになっているでしょうし、人脈は今よりずっと広がっていると思います。フィリピンの人は少し時間にルーズなところがあるけど、みんな明るくてやさしいから大好きです。マニラかセブで、自分のお店を出せたらいいな」

わずか6ヶ月での彼女の成長に驚きながらも、私はとても嬉しかった。彼女の目は輝いていて、その言葉からも大きな自信を感じられたからだ。

スタバの中は、フィリピンビジネスマンのほかにも、白人やほかのアジア人も多くいて賑わっている。マカティはフィリピンの金融街でもあり、ビジネスの中心地でもある。

「今の生活と仕事はどうなの？」

と彼女に尋ねると、

「お給料も8500ペソ（約20万円）ほど出ますし、住宅手当も少しですけど出るので助かっています。給料は、日本にいたときより上がりました。物価も日本より安いので、けっこう貯金もできていますよ。

営業の仕事も楽しいです。はじめての職種で少しとまどったけど、今は日系企業さんを中心に、私とフィリピン人スタッフだけで営業をかけています。自分で営業先や方向性を決めさせてもらえるし、社長や起業家さんなど、マニラで頑張っている多くの人に知り合えるのは楽しいですね」

笑みを浮かべながら、楽しそうに話してくれた。

彼女が就職した、日系オフィス商品の販売代理店に在籍している日本人は、現地社長と亜由香さんの2人だけで、ほかの5名の営業スタッフと1名の経理総務の女性は、すべてフィリピン人である。

マニラをはじめとするアジアの大都市では、大手日系企業の進出も多くあるが、大手企業といえども開設したばかりの現地支社では、この会社のように日本人数名が現地のスタッフをマネジメントしている場合が多い。

そのため日本人スタッフの仕事は日系企業への営業と現地スタッフなどのマネジメントが中心となる。やりがいもあるが責任も伴う仕事だ。

初海外就職で、まだ入社歴6ヶ月の27歳女性でも、彼女のようにチャレンジングな仕事を任せられることになる。特に20代・30代の営業ができる日本人女性は、どの企業も欲しがっており、引っ張りだこだ。

英語でのコミュニケーションや、現地の人との関係について聞くと、

「2ヶ月間、セブに留学したのですが、私、英語苦手なんですよね。まだまだ勉強中ですが何とかなってはいます。営業先は日系企業がほとんどで、先方の担当は日本人の場合が多いですし、フィリピン人スタッフを同行させているので、特に問題は感じていません。でも、社内の公用語は完全に英語で、フィリピン人スタッフとのコミュニケーションで英語を使っています。タダで英会話スクールに通っている感じで、少しお得感があります。最近は終業後、英会話のレッスンも受けていますし、タガログ語（フィリピンの公用語）も勉強を始めました。個人的に仲のいいフィリピン人の友人もできて、最近は一緒に食事に行ったり、バトミントンをやったりしています」

２ヶ月間、セブにある私の英語学校に留学していたので、彼女の英語力についてはよく知っている。

最初は中学英語でもかなり怪しかったが、1日6時間のマンツーマンレッスンと4時間ほどの自習（合計10時間）を毎日、２ヶ月間ほど続けたおかげで、彼女の英語力は急激に伸びていった。

とはいえ、たった2ヶ月間の留学では、英語がペラペラになるには程遠い。**TOEIC試験で言えば、５００点程度の英語力だったと思う。**マニラに就職しての半年間、彼女なりに懸命に英語の勉強やコミュニケーション能力の向上に努力したのだろう。

アジア各国の就職においては、英語力は彼女のようなレベル（TOEIC500点）でも十分に就職をするチャンスがある。もちろん、就職する企業の業種や職種にもよるし、シンガポールなどの英語のハードルが高い国も存在するが、ある程度の英語力でも十分に挑戦可能だし、彼女のように留学を通して英語力を急速に高めることも可能だ。

彼女は続けて話してくれた。

「私、ここに来るまでは、今まで自分が育った地元の会社で、ずっと仕事を続けていくのかなぁと漠然と考えていたんです。

でも、そうやって考えると、とても憂鬱な気分になってしまって…。私の人生、本当にそれでいいのかなぁ？ 私だけのオリジナルな人生を歩んでいくことって、できないのかなぁと考えていました。

今は、海外で働くということを選択して本当に良かったと思います。もちろん大変なこともあるし、不安に感じることもあります。

でも、昔と比べて今はずっと、自分で選ぶことができる選択肢は広がったし、自分の可能性を信じることができます。

今の私は、将来のことを考えると、とってもワクワクするんです」

6月下旬のマニラは、雨季に入った時期で蒸し暑い。

今は晴れて青空が見えるが、先ほども東南アジア特有のスコールが降ったばかりだ。ガラス張りの窓から見える高層ビルに囲まれたオフィス街に、ところどころに見える緑の木々が青々としている。

「あ、そろそろ行かなきゃ！　15時にクライアントとのアポがあるんです！　岡本さん、また今度！」

彼女はそう言って、スタバを飛び出した。

マカティの街へ走って出ていく彼女の後ろ姿を見て、彼女の人生が一歩進み、視界が大きく開けたことを嬉しく思った。

今、成長著しいアジアの国で働く彼女は、同じく海外で仕事をしている私にとって友人でもあり、同志でもある。

国や都市と一緒に成長しながら働く彼女の姿が、緑が光るマカティの街とかぶって眩しく見えた。

この話は、典型的なアジアで働き始めた女性の、その後の経過を綴ったものです。個人名が特定できないように、多少の脚色はしているものの、もちろん彼女は実在していて、今でもアジアのどこかで働いています。決して特別なケースではありません。

こんにちは！　海外就職キャリアコンサルタントの岡本です。まずは簡単に自己紹介をさせてください。

私は、海外就職キャリアコンサルトといっても、どこかの転職エージェントに属しているわけではなく、普段はフィリピンのセブに在住し、旅やワーキングホリデー、海外キャリアをテーマにした「CROSS×ROAD《クロスロード》」を設立し運営しています。そこで、数多くの生徒さんの海外就職や、キャリアの相談に乗るようになりました。

また、アジア各国を何度もまわり、30社以上の日系転職エージェントを訪問・取材をし、現地で働く人々の話を聞いて、現地の就職状況の情報を自身のホームページ「Beyond the Border ――世界を舞台に働く」を通して発信するようになりました。

本書は、その内容をまとめたものです。

私はこれまで数多くのキャリア相談に乗ってきました。その中で、**確固たる自分を持ち、**

ブレることなく前に進んでいる人はみな、自分の人生の中に、キャリア戦略と呼べる生き方の指針を持っているものです。

誰でも自信を失ったり、迷うこともあるでしょう。しかし、自分の中に依《よ》って立つ戦略があれば、たとえ迷うことがあっても短期間で対処することができます。

また現代は、変化の早い時代です。前提条件や状況が変わることもたくさんあります。そんなときは「描いた戦略」自体を修正すればよいのですが、叩き台となる戦略がないと、自分の方向性を考えることは困難です。

私は前職で、公認会計士としてコンサルティング会社に属し、多くの会社の事業計画を作ってきました。その経験から、優れた戦略には３つの条件が不可欠だと気づきました。

【第１条件】中・長期的に有効である
【第２条件】費用対効果を最大化する
【第３条件】実行可能である

アジア就職をするという選択は、私たち個人の人生戦略（キャリア戦略）として、この

「優れた戦略の3条件」に合致していると私は考えています。

もちろん、すべての人に通じる戦略などは存在しませんし、すべての人に海外で働くことを勧めるつもりもありません。しかし、アジア就職は懸命に仕事をする多くのビジネスマンにとって、取り得る有力な選択肢であると考えています。

それと関連して、この書籍で皆さんにお伝えしたいことは3つあります。

1. アジア就職という選択肢が個人のキャリア戦略として存在すること

2. 手順や注意事項を知り、後悔しないアジア就職をしてもらいたい

3. 人生に戦略を持って生きて欲しい

アジアを舞台に働く一人の経営者として、本書が、これから世界に旅立とうとする同志の方にとって、視野と選択肢を広げることに資するよう願っています。

岡本琢磨

キャリア・シフト
人生戦略としてのアジア就職

プロローグ
ビジネスキャリアはアジアでつくれ

CONTENTS

第1章 人生戦略としてのアジア就職を考える

第2章 アジア就職のための5ステップを知る

CONTENTS

第3章 転職先の国や都市、企業を選択する

第4章

アジアにおける日本人の就職状況を探る――シンガポール編

カバーデザイン　藤塚尚子（ＩＳＳＨＩＫＩ）
本文デザイン　川野有佐（ＩＳＳＨＩＫＩ）

プロローグ

ビジネスキャリアは アジアでつくれ

若い世代の人生キャリアに可能性を広げる最良の選択

ここでは、アジア就職をすることによって、あなたが得ることができる「メリット」を紹介するとともに、私たち個人にとって、キャリア戦略を持つことがとても重要であることを、一緒に考えていきたいと思います。

たとえあなたが、海外でキャリアを積んでいくことを現実的に考えていなかったとしても、自分のこれまでのキャリアと今後のキャリアを考えるうえで、とても役立つ内容になっています。

では、世界を舞台にした、あなたのキャリアを考える旅に出発しましょう。

今の日本では手に入らない「10のメリット」

私はこれまで、数多くの海外で働く日本人にお会いしてきました。彼らの多くは、自分らしく伸び伸びと仕事をされていますが、一方で、あまりきちんと自分のキャリアを考えずに海外で仕事を始めて、うまくいっていない人もいます。

なかには、海外で働くことに疲れてしまったり、意義を見出すことができずに失意の中で帰国された人もいます。

では、彼らを分けたものは何か。また、アジア就職には、どんなメリットがあるのか。

ここでは、あなたが「アジア就職」を人生の選択肢に入れるべき10のメリットをご紹介します。

メリット1　今までの人生を「リセット」して、新しい人生をスタートできる

「何か充実していないし、漠然とした不安がある」

「大きく一歩踏み出したいけど、どうすればよいのかわからない」

「自分の人生を歩んでいる気がしない。まわりにチャンスがない」

自身を振り返って、このように感じるようであれば、おそらくあなたは、90％以上の確率で、5年後も同じようなことを考えているでしょう。

自分の人生を変えたいと思った人でも、実際に本気で考え、調べて、行動に移す人は、残念ながら全体の1割もいません。

経営コンサルタントの大前研一氏は、自著の中で次のように語っています。

「人間が変わる方法は3つしかない。①時間配分を変える。②住む場所を変える。③付き合う人を変える。この3つの要素でしか人間は変わらない」

アジア就職を果たしたあなたは、上記の3つすべてを確実に変えることになります。言葉や習慣や宗教、文化も異なる場所に住み、さまざまな考えを持つ現地の人々と付き合い、これまでと異なったことをやるわけですから当然です。

もし、あなたが今までの人生をリセットして、新しい人生のスタートを切りたいのなら、アジア就職ほど適した選択肢はないでしょう。

メリット2　仕事でも通用する本物の「語学力」を身に付けることができる

日本人は、中学、高校、大学と10年間も英語を勉強してきたのにもかかわらず、まったく英語を話せないと言われます（最近は小学校でも英語教育がされていますが）。

では、なぜ日本人は英語を勉強しても話すことができないのか。それは、実際に英語を使う機会がないからです。そして、**英語を話さなくても生きていけるからです。**

しかし、アジア就職を果たしたあなたは、その日から英語を話し出すはずです。そうしなければ仕事もできませんし、生きていくこともできないからです。

もし、あなたがアジア就職を果たした場合、仕事でも通用する本物の「語学力」を身に付けることができます。

メリット3　経験に裏打ちされた本物の「コミュニケーション能力」が身に付く

以前の私は、「英語さえ話せれば海外で仕事をやっていける」と思っていました。

しかし、いざ現地の人々と心を通わせ、スムーズに仕事をしていくためには、英語だけではまったく足りないことを痛感しました。言葉の違いを克服するだけではなく、彼らの文化や歴史や考え方も知り、相手を尊重したうえで、自らの意見を主張するコミュニケーション能力が、海外で仕事をしていくには必要です。

あなたは海外で現地の人々と仕事をしていくことで、経験に裏打ちされた本物の「コミュニケーション能力」を手に入れることができるでしょう。

メリット４ 異なった文化や宗教、言語を持つ国の人と「友達」になれる

海外で仕事をする中で、あなたはさまざまな人と出会い、心を通わせ、多くの友人を得ることができるでしょう。彼らとの交流は、これまでの日本国内の交友関係とは、まったく新しい考え方や価値観をもたらすことになります。

彼らとの交友や友情は、あなたにとって、とても価値のある宝物になります。

メリット５ さまざまな考え方を持つ外国人との仕事で、人として「成長」できる

海外で、言葉も文化も習慣も宗教も考え方も違う人々と仕事をすることはとても大変です。決して簡単なことではないですし、安易な気持ちで海外で働く道を選ぶことに対して、私はかなり懐疑的です。しかし、だからこそあなたは成長できるのです。

もし、今の日本のこの環境にあなたが納得していなかったり、ぬるま湯に感じているとしたら、アウェイの地で勝負してみることをお勧めします。あなたは、さまざまな考え方を持つ外国人と仕事をすることで、人として「成長」するはずです。

メリット6　ワンランク上の「やりがい」のある仕事を任せてもらえる

海外に進出している日系企業は、自社のサービスを提供したり、工場で自社の製品を製造したり、開発を行ったりするために来ています。現地の人々よりも給料が高い日本人であるあなたをわざわざ雇う理由は、現地の人々をマネジメントしたり、新規営業開発をお願いしたり、現地の人々にはできない仕事を任せるためです。

そのため、採用されて早々、責任ある仕事を任されることが多いでしょう。その分、仕事は大変ですが、マネジメントに近い立場で仕事をすることができ、あなたが成長するスピードは速いと言えます。

メリット7　「グローバル人材」として評価され、国内外での雇用機会が増える

これまで見てきたように、海外で働き得た経験は、あなたにとって非常に大きな財産に

なるでしょう。**海外で得た語学力、コミュニケーション能力、業務遂行能力、マネジメント能力、人脈は、今後あなたがグローバル人材として活躍する中できっと役立つはずです。**

一度、そのような人材になってしまえば、そのまま現地の企業で幹部として仕事をしていくにせよ、別の現地企業に転職するにせよ、日本に戻りその国と関係があるビジネスを行う企業に転職するにせよ、良い条件で雇用機会を得ることができるようになるでしょう。

メリット8 伸びゆく市場で「起業」するチャンスを見つけることができる

これまで見てきたように、海外の市場は急激に伸びていますし、今後も伸び続けることが期待されます。一方でASEAN諸国は発展中であるがゆえに、サービスやインフラが行き届いていない部分がまだまだあります。

生活をする上では不便に思うこともありますが、自らビジネスを起こすことを志している人には大きなチャンスがあります。**市場が伸びていて、提供すべきサービスがたくさんあり、かつライバル企業もまだ参入していない分野が数多くあるからです。**

また、シンガポールを除けば、物価が安く、初期投資が安く済むことから、起業のハードルが低いというのも魅力です。

あなたも伸びゆく市場で「起業」するチャンスを見つけることができるかもしれません。

メリット9　世界中どこでも生きていけるという「自信」を持つことができる

アジア就職を果たし、数年の実務経験を積み、語学を習得したとしたら、あなたは大きな自信を手にすることになるでしょう。

今後、あなたが自分らしく生きていこうと思ったら、そして新しいことにチャレンジしようと思ったら、間違いなく「自分に自信を持つこと」が重要です。

逆を言えば、その自信さえあれば、別の国に就職をすることも、国内で生きていくことを選ぶとしても、起業をするにしても、その一歩を踏み出すことができるはずです。

メリット10　「自分らしい」オリジナリティ豊かな人生を歩むことができる

SNSやブログなどで、個人が気楽に情報発信をできる現代において、自分らしくオリジナリティあることは、そのこと自体、とても価値があることだと思います。人は違いがあるからこそ、その人に惹かれるものです。また、往々にしてチャンスというのは、そのような経験や生き方をしている人にこそ巡ってくるのが現実です。

もしあなたが、人とは異なる「自分らしい」オリジナリティ豊かな人生を歩みたいと思ったら、海外で勝負することを選択肢に加えてもよいでしょう。人とは違う希少性の高い、面白い経験をした人になることは、ひとつの目指すべき方向性だと私は思っています。

以上が、「アジア就職をすることで得られる10のメリット」です。

どれかひとつでも、あなたの心に刺さるものがありましたか？

もしひとつでも2つでもあなたの心に刺さるものがあったとしたら、ぜひ、あなたのキャリアの選択肢にアジア就職を加えてみてください。

この20年間、日本の経済は停滞を続けてきました。その一方で、日本を取り巻くアジア諸国は、目覚ましい発展を遂げてきたことはご存知の通りです。おそらく、今後5年後、10年後を考えたとき、この傾向はさらに加速するでしょう。

今、この現実を受け入れ、ご自分のキャリアの軸足を、沈みゆく日本ではなく、伸びゆくアジアへシフトするのは、ひとつのキャリアの選択肢になります。

このまま日本でキャリアを積むのか、アジアで活躍する道を選ぶのか。どちらを選ぶかによって、今から5年後のあなたが見ている景色は、まったく異なるものになるでしょう。

先が見えない、不安がある、自信がないなら「戦略」が必要だ

「自分のキャリアの方向性が見えなくて、将来に漠然とした不安がある」
「今の会社で一生やっていくつもりはないが、今の自分に、転職をしてその先の企業でうまくやっていける自信がない」
「会社の業績が悪く、今の会社で10年後、20年後まで働いているイメージが持てない」

時代の流れが早く、不確実性が増している現代において、ご自身のキャリアについて、このような不安を抱いているビジネスパーソンは非常に多いと思います。

また、キャリアコンサルタントとして多くの人のキャリアの相談に乗るなかで、同じような不安を抱える方は、非常に多いことを日々実感しています。

さらに、リストラ、非正規雇用の増加、ブラック企業などのニュースが世間を賑わせて

います。みなさんのまわりにも、リストラに遭い、次の就職先を見つけることができず、身動きが取れなくなってしまっている人もいらっしゃるかもしれません。

今や会社の平均寿命は20年ほどと言われています。そもそも、定年までひとつの会社で正社員として働いていける人のほうが、少数派になりつつあるのが現状という認識を持ったほうがよいでしょう。

このような状況の中、私もつい5年ほど前までは、会社員として仕事をしていましたので、このような不安を抱く気持ちはとても理解できます。

では、なぜ多くの人はこのような不安を抱いてしまうのか。

私は、**多くのビジネスパーソンが、このような不安を抱くのは、「人生戦略」と呼べる進むべき大きなキャリアの方向性を見失ってしまっている、もしくはそもそものような戦略を持っていないことが要因**であると考えています。

現代は時代の流れが早く、社会のニーズは移ろいやすく、そして未来が見えにくい時代です。だからこそ私たちは、自分が依《よ》って立つ明確な指針が必要なのではないでしょうか。

それは人によっては宗教かもしれませんし、人生哲学かもしれません。人によっては、会社という自分を守ってくれる枠組みかもしれません。

しかし、先に述べた通り、現代において、会社はあなたを守ってくれることはなくなってきています。会社や国に頼ることができない以上、私たちは一人ひとりが、依って立つ「人生戦略」を持つことが重要なのだと思います。

まともな会社が戦略を持っているのと同様、個人もしっかりとした「人生戦略」を持つことで、自信を持ってブレずに生きていけるのだと私は信じています。

キャリア戦略が成立するための「3つの条件」

冒頭でご紹介した、マニラで働く植木亜由香さんはどうなのでしょうか。

彼女には明確な人生戦略はあるのでしょうか。

おそらく27歳の彼女にとっては、自分が進むべき明確なビジョンはこれから見つけていく段階なのだと思います。その将来のビジョンを探し出すために、今、彼女は懸命に海外で仕事をしているのでしょう。

しかし彼女は、アジア就職で得られる「10のメリット」を享受しながら、自信を持って仕事をしていました。もう一度、プロローグと前述の10のメリットを読みあわせていただければ、その点についてご理解いただけると思います。

彼女は明確な将来のビジョンは持っていないものの、既にキャリア戦略を持って人生を歩んでいると私は考えています。言い換えれば、「海外でキャリアを積む」それ自体が、戦略を持ってキャリアを構築しているということです。

そして、そういった戦略を持ったキャリアを歩んでいるからこそ、結果として前項で述べたメリットを享受でき、さらに自信や成長といった、人生を歩む上で必要不可欠なものも手にできているわけです。


では、「戦略」とは一体どのようなものなのでしょうか。

ここでは戦略を下記のように定義して、さらに優れた戦略の3要件を以下に示します。

戦略 **ビジョン（ゴール）を達成するための道順と、どこに、どのような資源（会社：ヒト・モノ・カネ・情報、個人：時間・お金）を投入するかを決めること。戦いを略《はぶ》くためのもの。**

戦略の定義は、それを語る人の数だけありますが、ポイントとしては3つに分かれます。

❶ビジョン（ゴール）の設定

❷現状の把握

❸効率的な道順の決定

言い換えれば「戦略」とは、現在と目指すべきゴールを明確にして、そこまでのルートを決めることです。

さらに、「③効率的な道順の決定」について付け加えると、戦略の本質は無用な戦いを略くためのものです。現実を変えるために懸命に努力することは必要でしょう。しかし、それが報われないものであっては仕方がありません。

私たちの人生は時間でできています。その大切な時間を無駄にしないためにも、また、あなたと一緒に歩む人の人生を大切にするためにも、無用な戦いは避けたいところです。

変化の時代である現代において、戦略は一度作ったら終わりというものではなく、常に見直しを行い、修正していく必要があることも付け加えておきます。

冒頭のマニラで就職した植木亜由香さんの場合、私とのキャリアカウンセリングとそれに含まれる自己分析の結果、やや抽象的ではありますが、キャリアのゴールを「世界を舞台に自立して生きていくこと」に設定しました（**①ビジョン（ゴール）の設定**）。

また、自己分析をする中で、現状の自分の能力や興味・関心・強み・弱みについて把握していきました（**②現状の把握**）。

さらに、今、取り得る選択肢をできるだけ書き出し、それを難易度や効果、彼女の志向を加味して分類、取捨選択する作業を行っていきました（**③効率的な道順の決定**）。

そして最終的には、海外での仕事を通して自らの役割を具体化していきながら、英語によるマネジメント能力を鍛えてくことを課題に設定し、フィリピンのマニラで英語を勉強しながら、営業とマネジメントを経験して力を付けるというキャリア戦略を策定しました。

留意していただきたいのは、この段階での彼女の戦略は「仮のもの」であるということです。

今後、彼女は、海外での生活や仕事を通して、より明確なキャリアビジョン（ゴール）を策定して、戦略をブラッシュアップしていくことでしょう。

キャリアビジョン＝自立して、自分らしく生きていくこと

自己分析を行うにあたって、キャリアにおけるビジョンやゴールを設定することに難しさを感じることが多いと思います。

本書はアジア就職についての指南書ですが、このテーマを議論した場合、1冊分の本が出来上がってしまうほどの紙面を要することになるので、ここでは簡単に触れておきたいと思います。

まず、**キャリアにおけるビジョンやゴールというのは、「①自分らしさ」と「②社会のニーズ」の2つの間に生まれる**ことを理解してください。

「①自分らしさ」は、自己分析などによる内省によって把握します。

「②社会のニーズ」は、ニュースを見たり、書籍を読んだり、人と話したり、実際の経験による社会との接点によって知ることができます。

ですから、あなたの実際の経験によって得られたものが、いちばん影響を与えることでしょう。キャリアビジョンの設定は、必ずこれらの分析を行った上で決定すべきです。

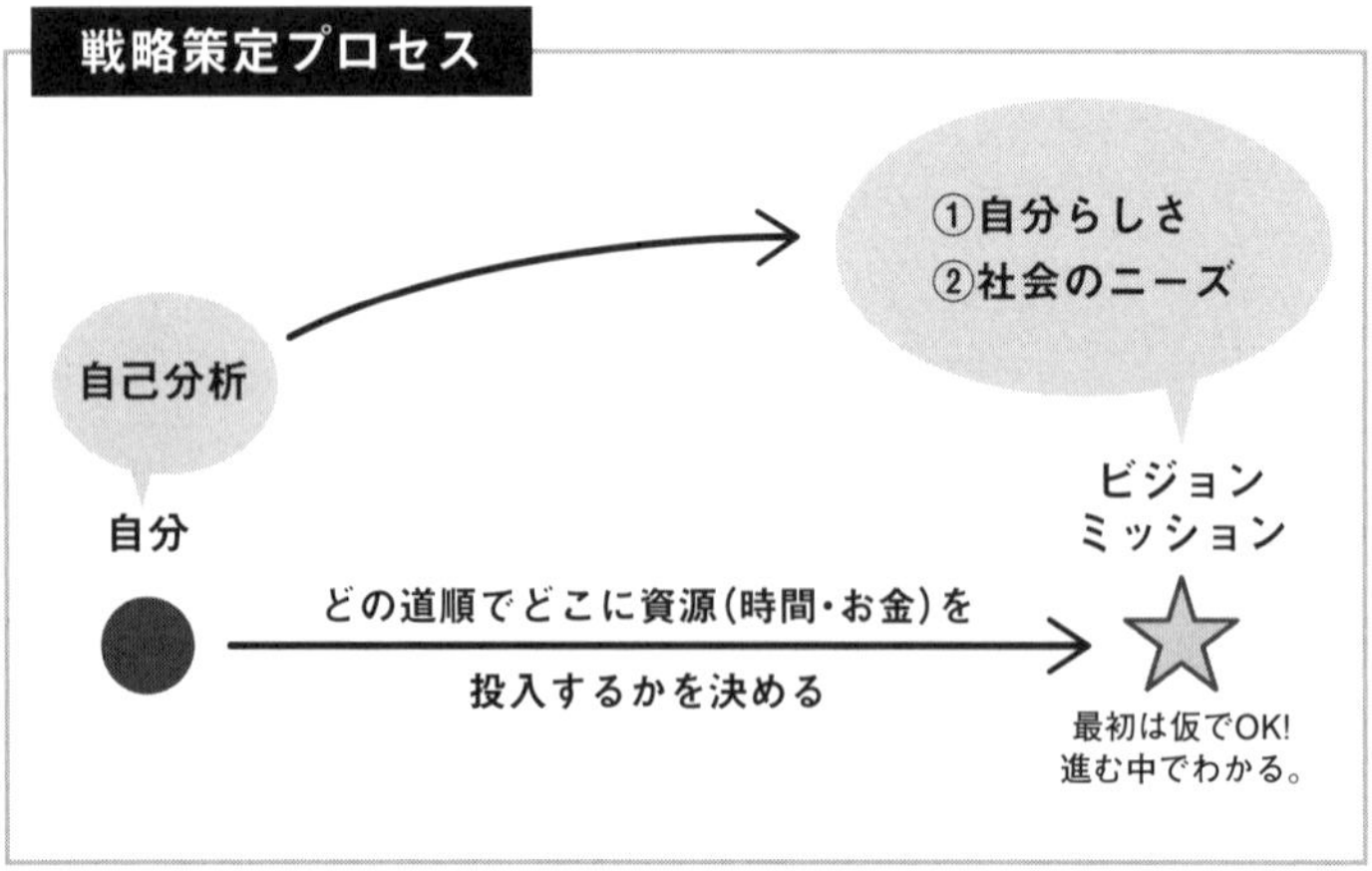

ただ、キャリアビジョンは人によってそれぞれ異なります。自分らしさや社会のニーズの捉え方などは、人それぞれ違いますので、当然と言えば当然でしょう。

そして、キャリアビジョンやゴールの設定で最低限必要なことがあります。

それは、**「自らのキャリア（仕事）から報酬を得て、自立すること」**です。

私は、仕事をする第一義的な目的は、「自らのキャリア（仕事）から報酬を得て、自立すること」であると考えています。

私たちは霞を食べて生きていくことはできませんし、ある程度の安定した収入なしには、安心して日々の生活を送ることも、自分らしく生きていくことも難しいでしょう。

私は、キャリアを考えることにおいて、リアリストであるべきだと考えています。

そこで、本書におけるキャリアビジョン（ゴール）については、

「自立して、自分らしく生きていくこと」とします。このキャリアビジョンに加えて、自分らしいビジョンをぜひ考えていただきたいと思います。

もしあなたが、アジアで仕事をすることに興味を持ったなら、先に挙げた「今の日本では手に入らない10のメリット」のすべてを得ることができます。これらも考慮に入れて、自分のキャリアビジョンを考えてみてください。

私は10個のメリットが、あなたのキャリアビジョンの要素になり得ると思っています。

第1章

人生戦略としてのアジア就職を考える

優れた戦略の3条件とは何か

自身のキャリアビジョンを「自立して、自分らしく生きていくこと」としたとき、このビジョンを達成する戦略は、いったいどのようなものになるのでしょうか。ここからは、次に挙げる「優れた戦略の3条件」を軸にアジア就職を考えていきたいと思います。

【第1条件】中長期的に有効である
【第2条件】費用対効果を最大化する
【第3条件】実行可能である

まず、**第1条件「中長期的に有効である」**ですが、当然、戦略は数ヶ月〜1年程度といった短期間のみ有効であったとしても意味がありません。企業戦略においては、そのような短期的に収益を稼ぐことをやり続けるということも成り立つかもしれませんが、個人のキャリア戦略を考えた場合、最低でも5年程度の中期、できれば10年以上は有効である、と考えられる戦略を取るべきでしょう。ただ、この戦略は社会の変化に伴い、変わり得るということは頭において、随時、検証する必要はあります。

次に、**第2条件「費用対効果を最大化する」**についてですが、仕事をする上で、ムダな時間やエネルギー、お金を浪費するものがあってはいけません。できるだけ効率的に、本書におけるキャリアビジョンである「経済的な自立」を達成するものである必要があります。

最後に、**第3条件「実行可能である」**についてです。

そもそも戦略とは「今のあなた」が実行できるか否か、ということが重要です。戦略は絵に描いた餅では意味がありません。ある人には実行可能なものであっても、あなたにとっては実行が難しいことは往々にしてあることです。

また、現在のあなたにとって実行が難しいと思えるものでも、数年先のあなたにとっては実行が可能になっているケースもあります。

例えば、子育てをしている母親にとっては実行が難しいことでも、子育てが一段落したら実行可能になってくることもあるでしょう。

「今のあなた」にとって実行可能であるかを検証することが大切です。

アジア就職が唯一とは思わないが…

それでは「アジア就職」というキャリア戦略は、個人の人生におけるキャリア戦略として果たして有効なのでしょうか。結論から言えば、「経済的な自立」というゴールを達成するには、アジア就職は非常に有効な戦略の一つです。

第1条件「中長期的に有効である」と第2条件「費用対効果を最大化する」については、現在の社会情勢を考えた上で満たしていると考えられます。

第3条件「実行可能である」は、人それぞれの状況が異なるため一概には言えませんが、2017年現在においてはかなりハードルが下がっており、多くの人に実行可能だと私は考えています。

ただ、気をつけていただきたいのは、私はアジア就職という選択肢が「経済的な自立」

優れた戦略の3条件

①中長期的に有効である
②費用対効果を最大化する
③実行可能である

アジア就職の位置づけ

- キャリア戦略を考えた時、3条件を満たすものを選ぶべきであるが、海外就職はこれらを満たす。
- あなたのビジョンやミッションを具体化するための戦略の1つ(唯一ではない)。

というゴールを達成するために、唯一の戦略であるとは考えていないという点です。

また、海外で働くということは、とてもエキサイティングで楽しく、成長できる選択であると同時に、非常に大変で苦労も多い選択でもあります。

そのため本書では、アジア就職のメリットだけではなく、デメリットや落とし穴についても触れていきたいと思います。

アジアで働くことについて煽ったり、無用な不安を掻き立てるようなニュースや書籍も数多くありますが、本書は、できる限り客観的な情報を示しながら、アジア就職の可能性について、みなさんの理解を促していきたいと思います。

【優れた戦略の第1条件】中長期的に有効である

アジア就職の「メリット」と日本で働き続ける「デメリット」

まず、アジア就職が、戦略の第1条件「中長期的に有効である」に適応しているかを考えていきましょう。

私はグローバル化が進む社会の中で、日本に暮らす私たちが直面している大きな変化は、次の3つに集約できると思っています。

❶少子高齢化による日本経済の縮小
❷非正規社員の増大によるワーキングプア層の拡大
❸新興国でのチャンスの増大

これら3つの潮流が複雑に相互に関係しながら、これからの時代は流れていきます。この影響は、個人のキャリア戦略に大きな影響を与えることは間違いありません。

ここでは、これらの変化がどのようなものであり、それがどのように個人のキャリアに影響し、アジア就職の何が有効な戦略であるのかを説明していきます。

少子高齢化による日本経済の縮小

48ページ上のグラフは、日本、アメリカ、中国、ドイツのGDP（総合的な経済力を表す指標）の推移です。これを見ていただくと、いかに日本がこの20年間、成長せずに停滞を余儀なくされていたかがわかります。

また、日本の総人口および高齢者の割合（48ページ下のグラフ）の推移を見ると、2015年現在の人口は約1億2700万人で、人口に占める65歳以上の割合は26・7％です。

それが2050年には、日本の人口は1億人を大きく割り込み9200万人となり、65歳以上の割合は39・4％になります。3人で1人の高齢者を支えている現状でも社会保障

各国のGDPの推移

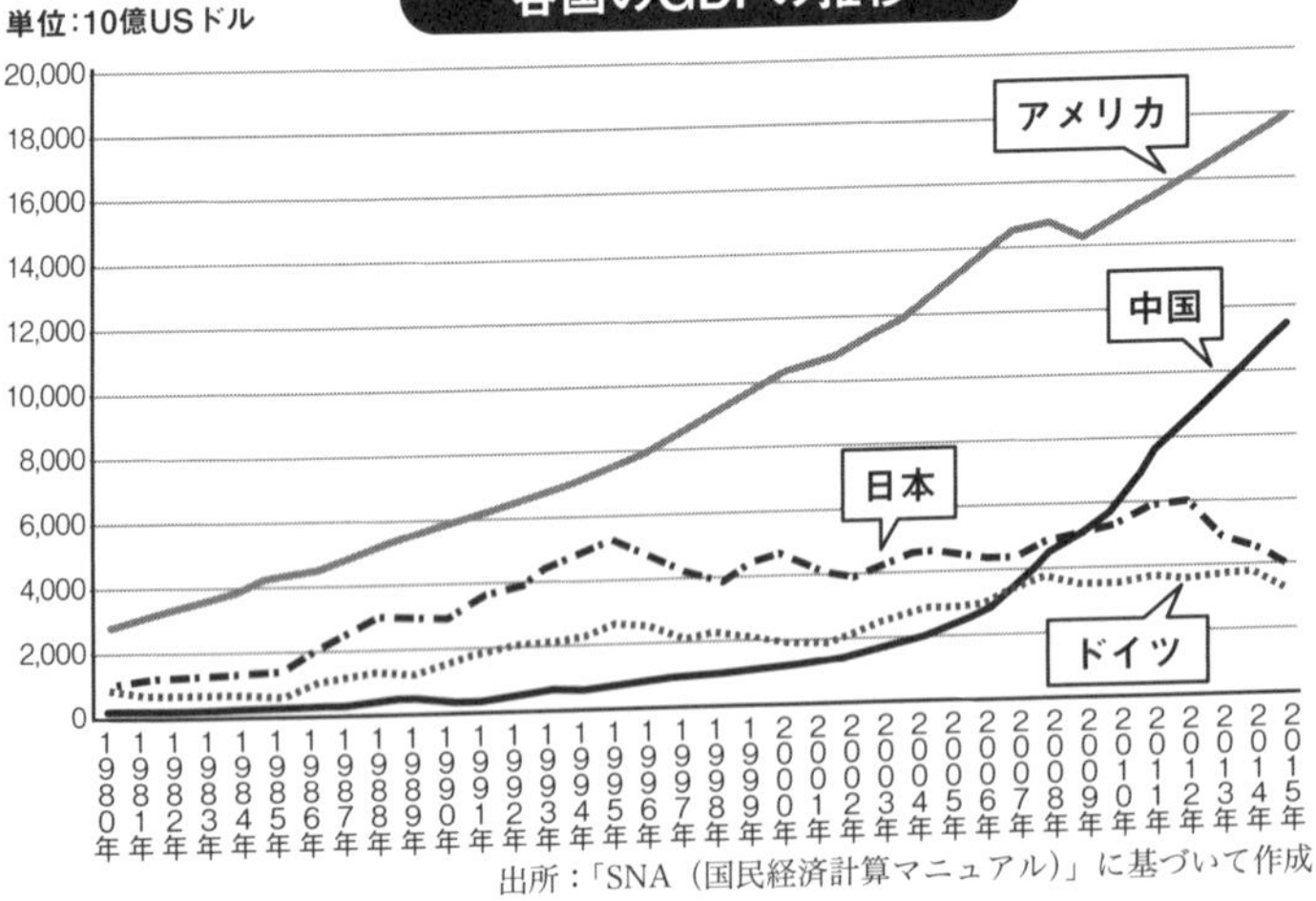

出所：「SNA（国民経済計算マニュアル）」に基づいて作成

総人口の推移及び高齢者の割合の推移

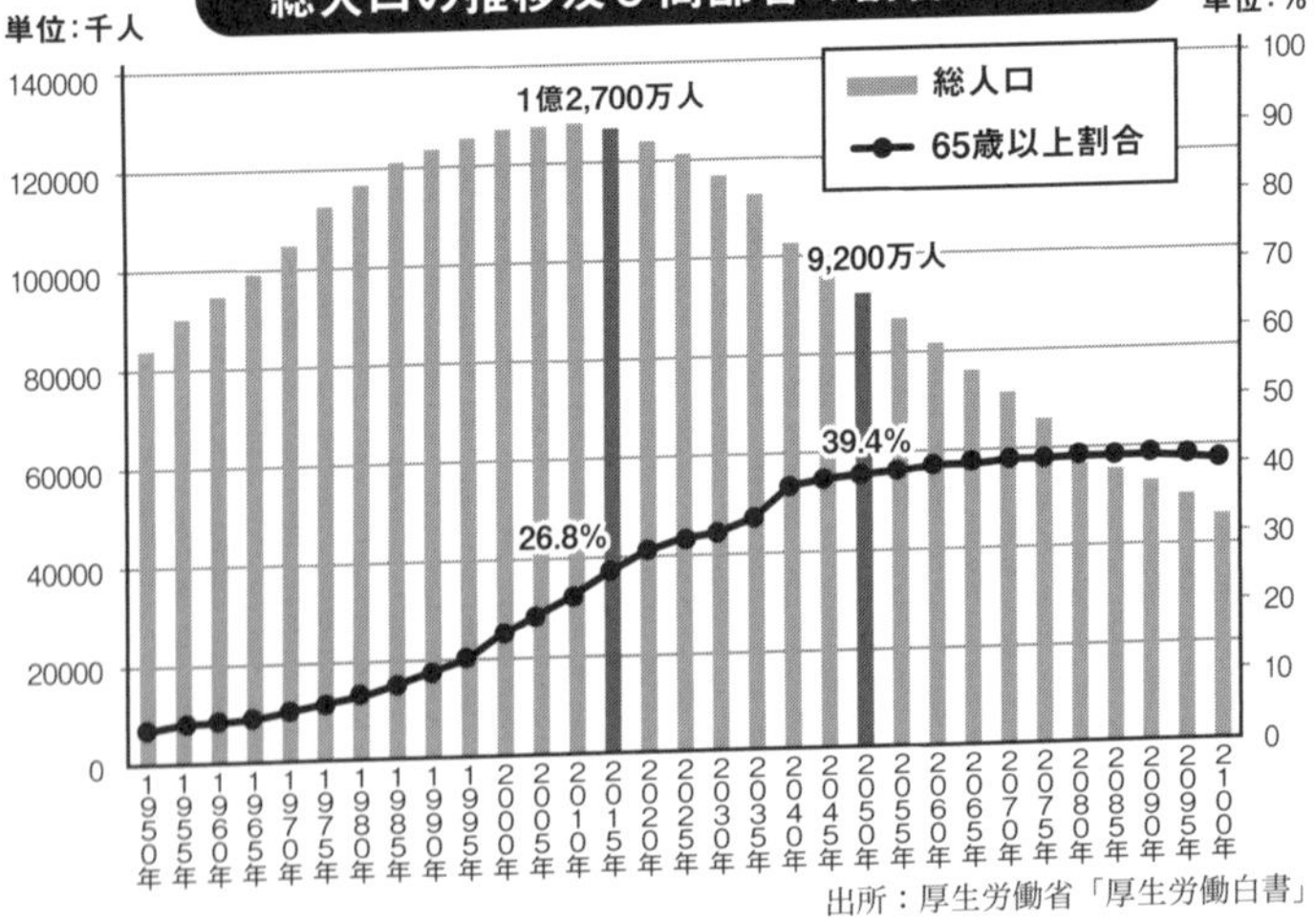

出所：厚生労働省「厚生労働白書」

今後起こりうる日本の問題

	現在	現在 将来（〜2050年）
人口（▲25%）	1億2,770万人（2011年）	9,515万人（2050年）
出生数	107.1万人（2010年）	48.5万人（2050年）
死亡者数	119.7万人（2010年）	159.3万人（2050年）
高齢者（65歳以上）比率	23.2%（2011年）	39.6%（2050年）
空家率（住宅）	13.1%（2008年）	36%（2040年）
国・地方の負債合計	862兆円（2011年）	2,000兆円超（2050年）

出所：厚生労働省「厚生労働白書」、他資料を基に作成

費の負担は厳しいにも関わらず、2050年には1・5人に1人の割合で、高齢者を支えることになってしまいます。

現在抱えている日本の課題を列挙すると、「人口減少」「高齢化」「産業空洞化」「景気低迷」「所得減少」「リストラ」「財政悪化」「年金不安」「医療費の増加」「増税」などが挙げられ、これらは簡単に解決できる問題ではありません。

これから数十年に日本で起こることを表にまとめると、上記のようになります。

果たして、この閉塞感が漂う日本にしがみついていることは、あなたの将来にとってプラスになるのでしょうか。

非正規雇用労働者の割合の推移

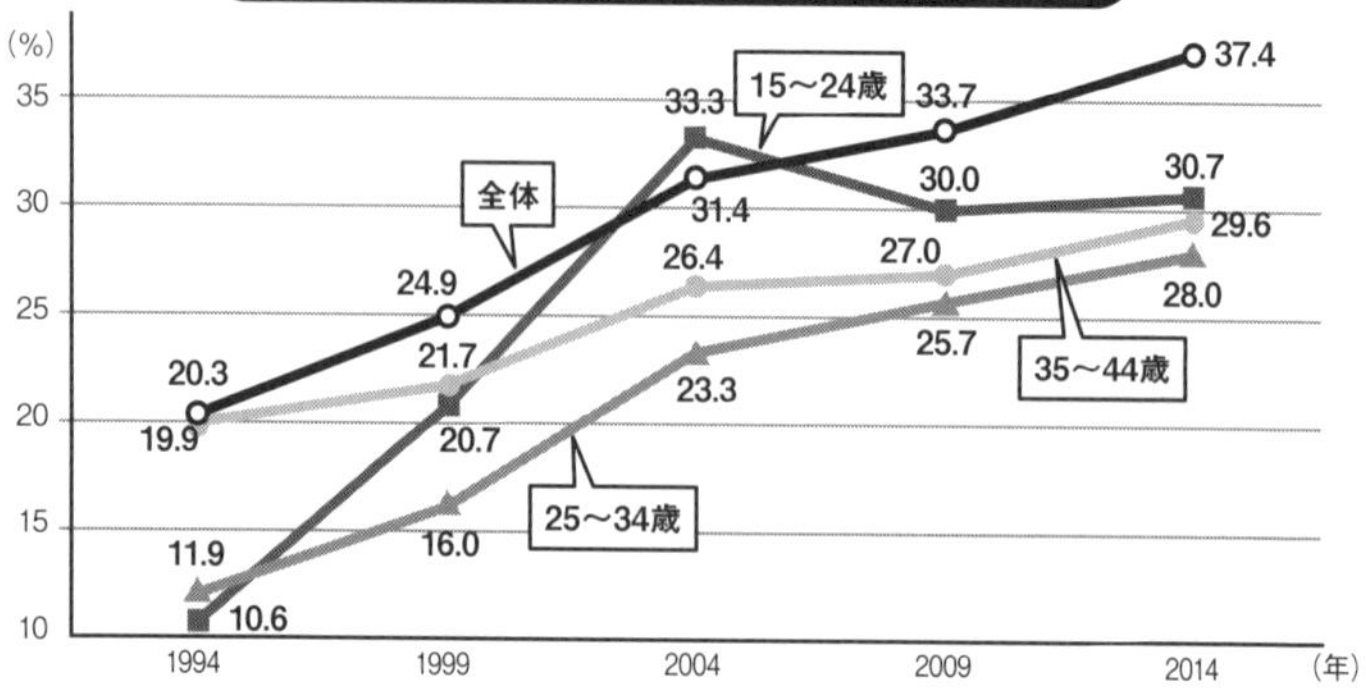

出所：総務省「労働力調査特別調査」、「労働力調査（詳細集計）」を基に作成

非正規社員の増大によるワーキングプア層の拡大

この書籍を読んでいる人の中には、正規社員としてキャリアを歩んでいきたいと希望しているにも関わらず、リストラや勤め先の倒産により職を失い、その後、非正規社員として仕事をされている方もいらっしゃるかもしれません。

また、自分の会社や現在の自分の置かれている立場に不安や不満がある方もいらっしゃるかもしれません。上記は現在の日本における非正規雇用労働者の割合の推移です。

ご覧になっていただけるとわかる通り、年々、立場が不安定である非正規社員の割合が拡大し

雇用労働者の収入の分布（男性）

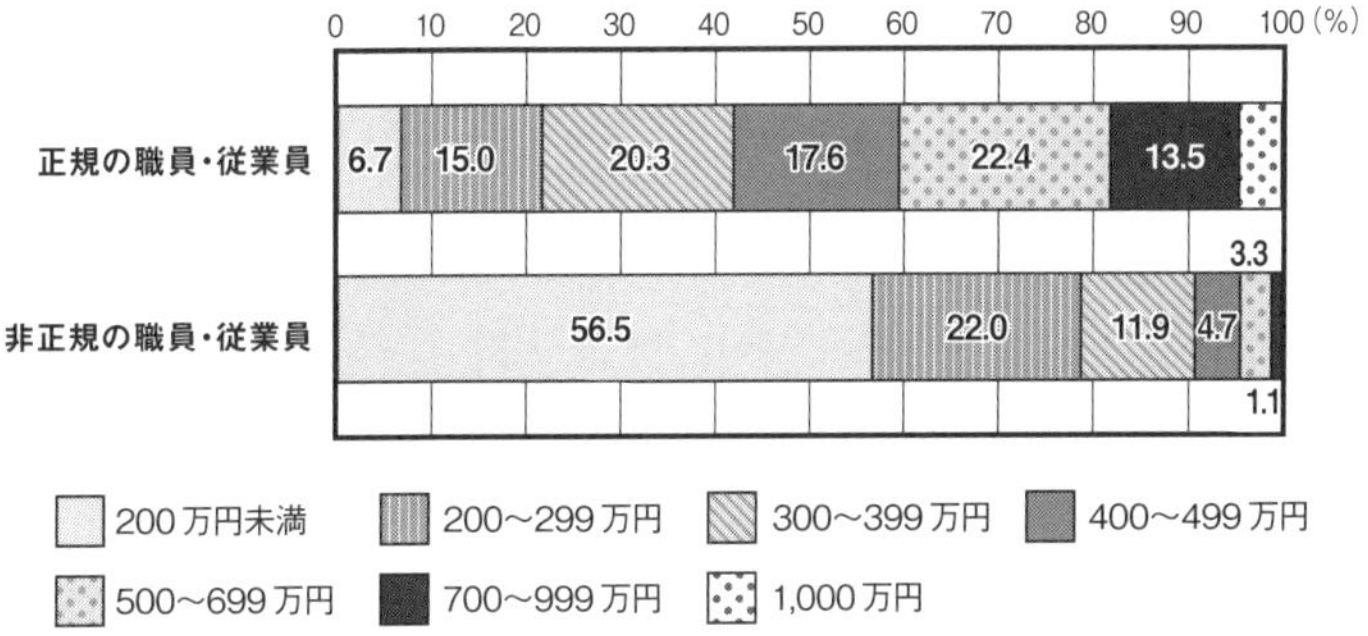

出所：総務省「労働力調査（詳細集計）」（2014年）を基に作成

ていることがわかるかと思います（１９９４年：20・3％→２０１４年：37・4％）。

　また、非正規社員の収入（男性）を見ると、**彼らの50％以上が収入が２００万円未満のワーキングプア状態**にあると言えます（年収３００万円未満を加えるとその割合は80％近くなります）。

　これでは将来に希望を持って仕事をし、生活していくことは難しいと言わざるをえません。

　このような、低賃金、不安定、キャリアとしても評価されづらい非正規雇用の割合が年々増大していることで、ご自身の将来に希望を持つことができない人も増えています。

　このような状況の中、就職先として海外に目を向けてみてもよいと思います。

ASEAN諸国のGDP伸張比較（2014年と2007年との比較）

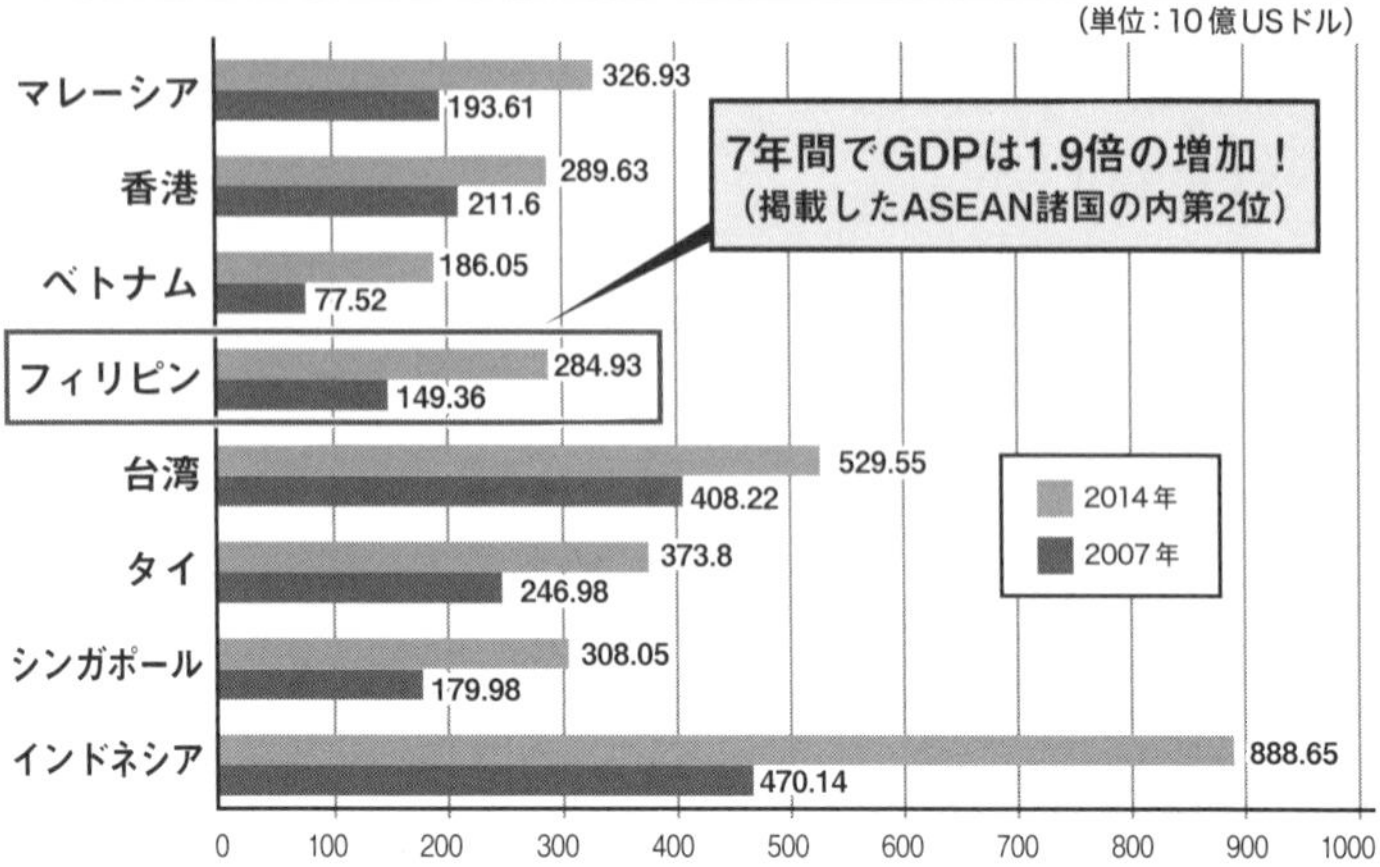

出所：National Accounts Main Aggregates Database

新興国でのチャンスの増大

次はいかに今後の未来を考えた場合、アジア諸国での就職に魅力があるのかを見てみましょう。

「少子高齢化による日本経済の縮小」でお伝えした通り、この20年間、日本の経済は成長していません。

一方で、ＡＳＥＡＮ諸国を中心にアジア経済は著しく伸びています。

52ページグラフは、ＡＳＥＡＮ諸国の２００７年と２０１４年のＧＤＰ（総合的な経済力を表す指標）の変化ですが、多くの国々は大きく伸びています。例え

アジア諸国GDPの伸張比較（2014年と2007年との比較）

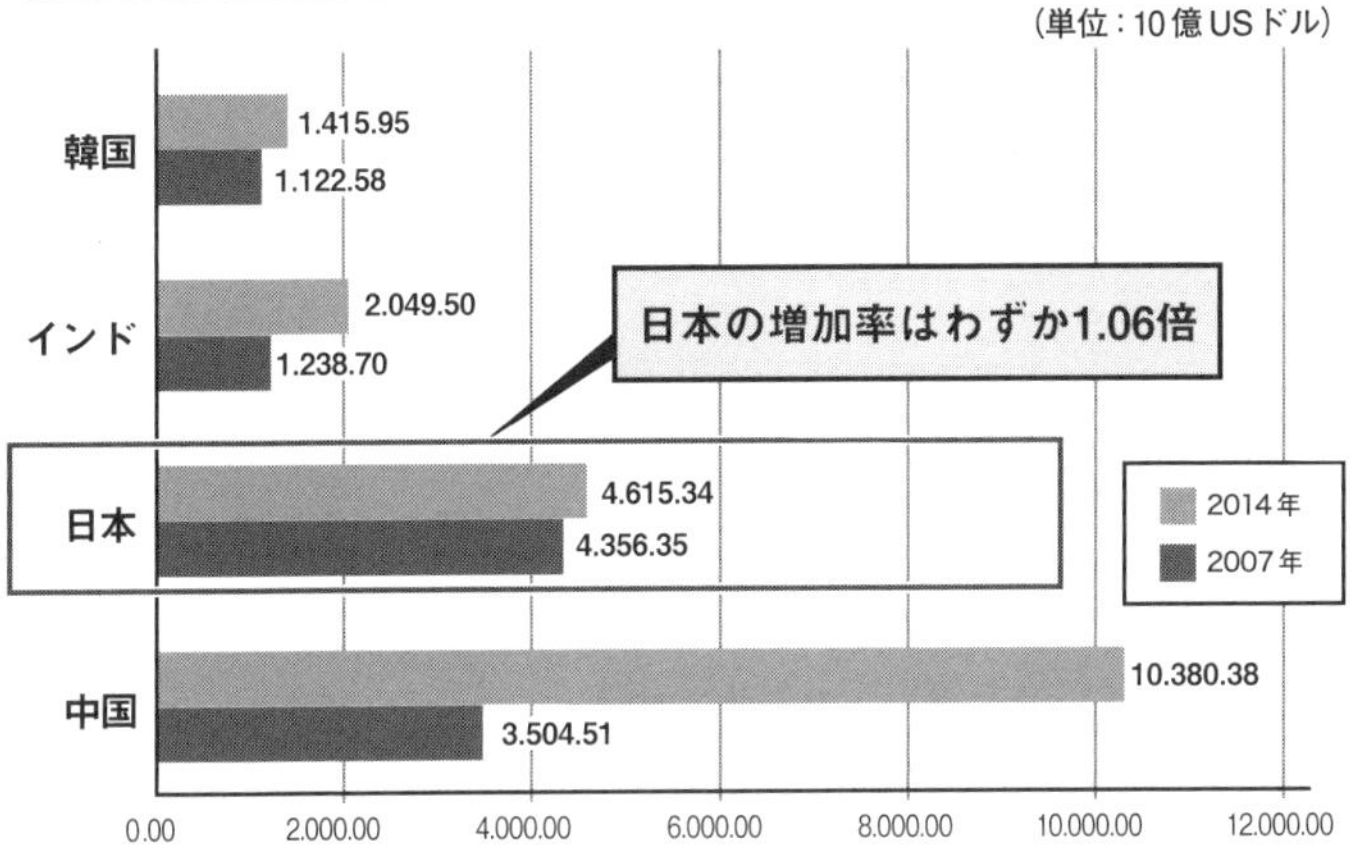

出所：National Accounts Main Aggregates Database

ば、**フィリピンは約１・９倍です。**

一方で、アジアの大国である韓国、インド、日本、中国の「経済規模の変化」はと言えば、韓国は近年伸び悩んでいますが、中国、インドは大きく経済力を伸ばし、日本の経済はここ7年間、まったくといっていいほど変わっていないことが見てとれます。

さらに衝撃のグラフをご紹介します。

「世界のＧＤＰ比較構成予想」です。

現在の世界に占める日本のＧＤＰの割合は５・８％、アジアの割合は27・９％です。

これが２０５０年には日本の占める割

世界のGDP比構成予想（地域別）

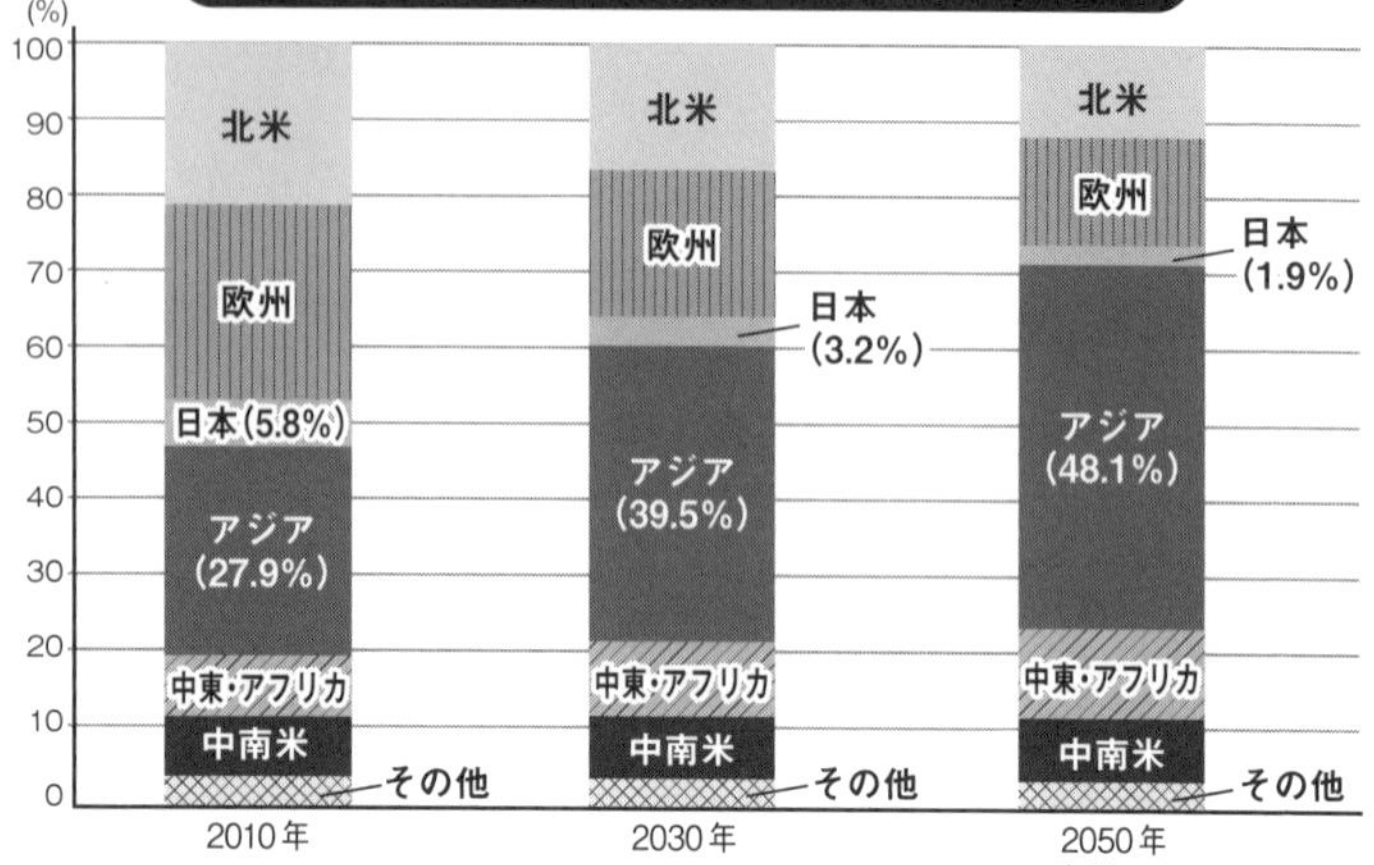

出所：Global Insight

は1・9％に減少し、約3分の1になるというのです。一方、**アジアの割合は48・1％（約1・7倍）に増加します。**

このグラフを見ても、日本の地位の相対的な低下や、ほかのアジアの地位の相対的な向上は明らかです。

どちらで活躍することが、個人や企業にとって、将来性があるかは一目瞭然です。

アジア就職は「中長期的に有効である」を満たすのか？

ここまで、日本とASEAN諸国の経済成長の推移や労働市場の状況、さらには今後の日本と世界の経済規模の予想を見てきました。これを見てわかるのは、日本の中長期的な停滞とＡＳＥＡＮ諸国や新興国の豊かな将来性です。

５年10年後の未来を考えたとき、あなたはどちらにキャリアの軸を移しておいたほうがよいと考えるでしょうか。答えは明らかだと思います。

アジア就職をキャリア戦略と捉えたとき、アジア就職は有効な戦略の第1条件「中長期的に有効である」を明らかに満たしています。

現在のあなたの状況と、予想される未来の状況を、ぜひ一度想像してみてください。

では、日系の各個別企業や日本人の海外労働市場における需給は、どうなっているのか。次項では、戦略の第２条件「費用対効果を最大化する」という観点から考えていきます。

【優れた戦略の第2条件】費用対効果を最大化する

希少性のある人材になることは社会的価値を上げる最速の方法

ここでは、中長期的な視点での「経済的自立」を達成するために、アジア就職が優れた戦略の第2条件「費用対効果を最大化する」に合致しているかを見ていきましょう。

経済的自立を達成するためには、「あなた」という人材としての社会的価値を高めることで、あなたの給料（＝時給）を高めていく必要があります。

あくまで雇用される側であるという前提ですが、そのような高い給料が得られる社会的に有用な価値がある人材であれば、例えば転職を考えた場合にも、再就職先に困ることもないでしょう。さらに、そのようなスキルを基に、事業を興して独立するという戦略も現実味を帯びてきます。

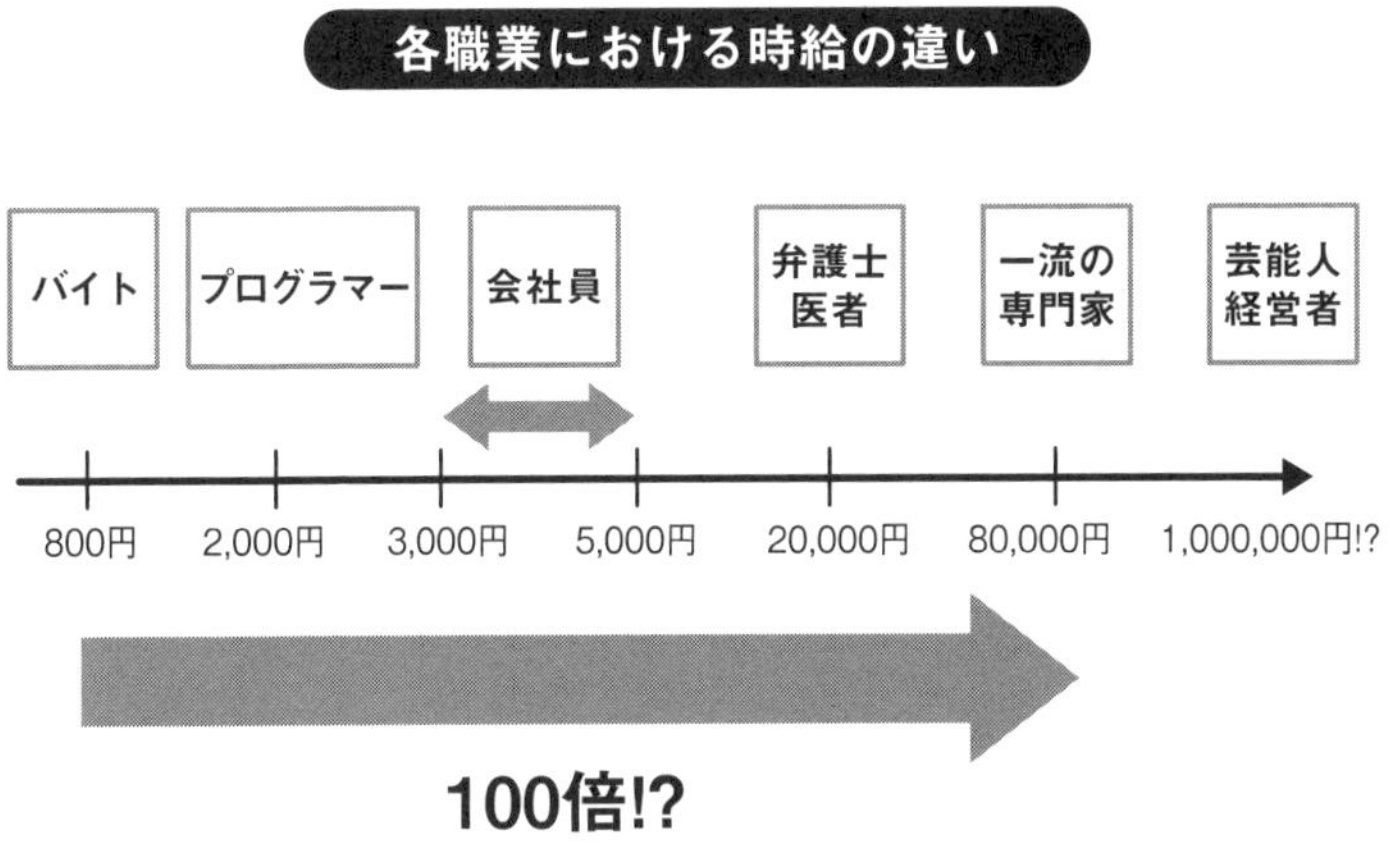

では、どのようなキャリアを歩めば、社会から必要とされ、かつ給料（時給）が高い仕事を得ることができるのでしょうか。

上の図は、各職業における時給をまとめたものです。

アルバイトの時給800円から、芸能人や経営者、スポーツ選手などの時給100万円以上まで数字が並んでいますが、一般的な職業である一流の専門家（一流の医者、弁護士、コンサルタントなど）との時給の差においても、実に100倍の違いがあります。

この差は一体どこから生じるのか。

まずはこれを考えていく必要がありそうです。

どうして「あなたの時給」は低いままなのか？

なぜ同じ日本人が仕事をしたとしても、このように大きな時給の差が生じてしまうのか。

その答えはとてもシンプルでもあり、奥深いものがあります。

それは、「あなたの時給は労働市場における需要と供給の関係によって決まる」ということです。これが、市場原理における、唯一にして絶対の法則です（政府などの規制があった場合はこの限りではありません）。

経済学を勉強した人であればわかると思いますが、モノであれ、サービスであれ、あなたの労働市場における給料（時給）であれ、すべての価格は、需要と供給の関係によって決まります。すなわち、需要が多くて供給が少なければ価格（時給）は上がり、需要が少なくて供給が多ければ、あなたの価格（時給）は下がることになります。

どんなに素晴らしいスキルを持っていたとしても、そのスキルを多くの人が持っていた場合、そのスキルの値段は限りなく安くなってしまいます。

一時期、企業が自社のホームページ制作に数百万円をかけていた時代がありました。しかし、現在はホームページ制作のスキルを持つ人が増え、特別な技術がなくても簡単にホームページが作れるソフトも登場しています。数十万円もあれば、企業はかなりいいホームページを制作できるようになっています。

その分、ホームページ制作者の時給は確実に下がっています。要は、ホームページ制作というサービス提供者の供給が増えたために、競争が激化し、価格が低下したわけです。

このように、労働市場における人材の価値を考えたとき、私たちが取るべきキャリア戦略は次のようになるでしょう。

- **社会から必要とされるスキルを持った人材になること(需要を上げる)**
- **希少性がある人材になること(供給が少ない分野で戦う)**

これは、経済的な自立を達成するための基本戦略ですが、これを労働市場における人材としてのあなたの価格（給料）について考えてみるとわかりやすいと思います。

「社会から必要とされるスキルを持った人材になること」とは、あなたという労働力を購入する企業にとって需要が高いということ（労働市場の需要面）です。

「希少性がある人材になること」というのは、労働力を提供する側に同じようなスキルを持った人材が少ないこと（労働市場の供給面）になります。

では、いかに希少性がある、社会から必要とされるスキルを持った人材になればよいのでしょうか。

「英語ができる人は年収が高い」は過去の話

希少性があり、社会から必要とされる人材になるためには、大きく分けて次の2つの方法があると考えられます。

方法1 ある一つの分野において圧倒的な実力をつける

方法2 複数の分野の組み合わせにより希少な人材になる

では、その方法について議論を進めていきたいと思います。

方法1　ある一つの分野において圧倒的な実力をつける

この方法は、非常にわかりやすい方法でしょう。例えば、オリンピック選手などはある一つの分野において、懸命な努力の結果、圧倒的な実力をつけ、社会から必要とされる（＝オリンピックという晴れの舞台に立てる）人材になった例です。

また、あなたのまわりにも10数年に渡って一つの技術を極めた結果、余人を持って代え難い人材となった人がいるかもしれません。

そのような人材になった場合、希少性があり、社会から必要とされる人材であることは疑いの余地はないと思います。

しかし、このような戦略をとった場合、大きく2つのリスクがあります。

一つは、時間があまりにもかかりすぎることです。ある特定の分野で圧倒的な実力をつけるには、分野にもよりますが、最低でも10年から～20年の年月は必要となるでしょう。

また、もう一つのリスクは、その**長年かけて身につけた技術が陳腐化してしまうリスクがある**ということです。具体的に言えば、技術革新の結果、これまで人が長い期間を要して手にすることができた技術が、コンピュータやロボットに一瞬にして安価に置き換わってしまうようなことが現実に起こっています。

私は、公認会計士の資格を持っており、6年間、日本で実務の経験を積んできました。会計士の仕事の中で、監査という大企業が作成した財務諸表という書類が適正に作られているかをチェックする仕事がありますが、このような仕事には定型的な仕事も多く、IT技術の発達の結果、既にかなりの部分がITに置き換えることが可能になってきています。

税務申告も、優秀な会計ソフトや申告書作成ソフトが安価に普及していることもあり、ただ単に税務書類を作り、申告するだけの定型業務に携わっていた会計士や税理士は、どんどん淘汰されるような状況に既になっています。

このように、「ある一つの分野において圧倒的な実力をつける」という戦略は、希少で有用な人材になるための一つの有力な方法ではありますが、一方で時間がかかりすぎ、技術の進歩で一瞬にして無用な人材になってしまうという大きなリスクも抱えています。

方法2　複数の分野の組み合わせにより希少な人材になる

希少で社会的に有用な人材になるための、もう一つの戦略は、「複数の分野の組み合わせにより希少な人材になる」ことです。具体的には、数年ごとに、社会に必要なスキルを身に付けていき、その後別の分野に移り、別の有用なスキルを身に付けていきます。そして、この組み合わせにより、希少な人材になることを目指す方法です。

例えば、先ほど私は公認会計士であると書きましたが、会計士の分野でも会計税務の知識のほかに、英語、ＩＴ技術などの周辺分野の知識や技術や実務経験を積んで、自らのキャリアを切り開こうとしている方も大勢います。

このような複数の技術を組み合わせることで、一つの分野ではそれほど秀でていなかったとしても総合力で勝負することが可能になります。これからの時代を考えると、「会計税務×英語×ＩＴ技術」などの複数の技術を持っている会計士は、会計財務でのみ秀でた会計士と比べて、圧倒的に希少かつ有用な人材になれることは疑いの余地はないでしょう。

この戦略をとった場合、一つ一つのスキルを手にするのに、それほど時間をかけなくても、ある程度の実力はつけることが可能ですし、技術革新で一つの分野の技術が陳腐したとしても、被る被害は最小限で済みます。

また、そもそも複数の技術を組み合わせる分野は、業務の複雑性が増すため定型的な処理が得意な人工知能やロボットにとって代わられるリスクが、非常に低いと考えられます。

このようなキャリア戦略はこれからの時代を考えると、有効であると考えられます。

「費用対効果を最大化する」とアジア就職との関係

ここまでやや話が長くなりましたが、「経済的な自立」というキャリアゴールを達成するためには、あなたの人材として価値を表す給料（時給）を上げる必要があり、そのためには、希少かつ社会的に有用な人材になることが必要であることを述べてきました。

そして、そのような人材になることは、優れた戦略の第2条件「費用対効果を最大化する」に合致していることを述べてきました。

給料（時給）を上げることは、労働というコスト（費用）をかけてリターン（給料）を上げることであると、ご理解いただけたと思います。

では、アジア就職は、優れた戦略の第2条件「費用対効果を最大化する」に合致した戦略になり得るのでしょうか。

ここでは、その点について検証をしていきたいと思います。

まずは、「日本企業の現地法人数の推移（65ページ）」をご覧ください。

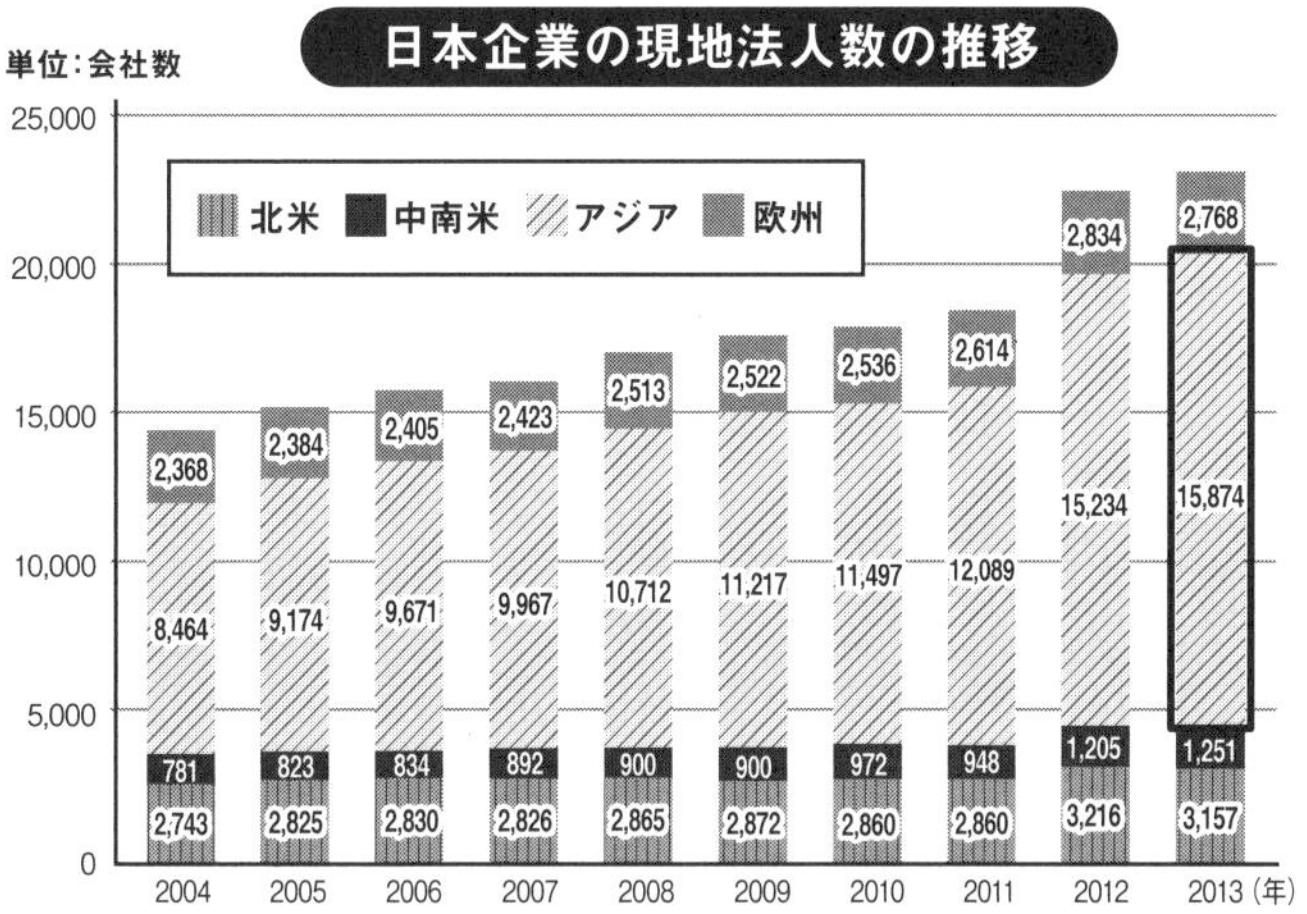

出所：経済産業省「第44回海外事業活動基本調査結果概要」を基に作成

先にもご紹介した通り、日本の長期停滞と新興国を中心とした経済発展に対応する形で、日本企業の海外シフトが進んでいるのが見て取れると思います。

ここで注目していただきたいのが、現地法人に占めるアジア企業の割合の増加です。年々、その割合を増やしていることがわかります。今後もこの流れは加速していくでしょう。

このような**日本企業の海外シフトに伴い、海外での日本人の人材需要は大いに増えているのが現状です。**

しかし、一方で、そのようなグローバル人材はまったく足りていません。それは、多くの日本企業の人事担当者や、現地日系

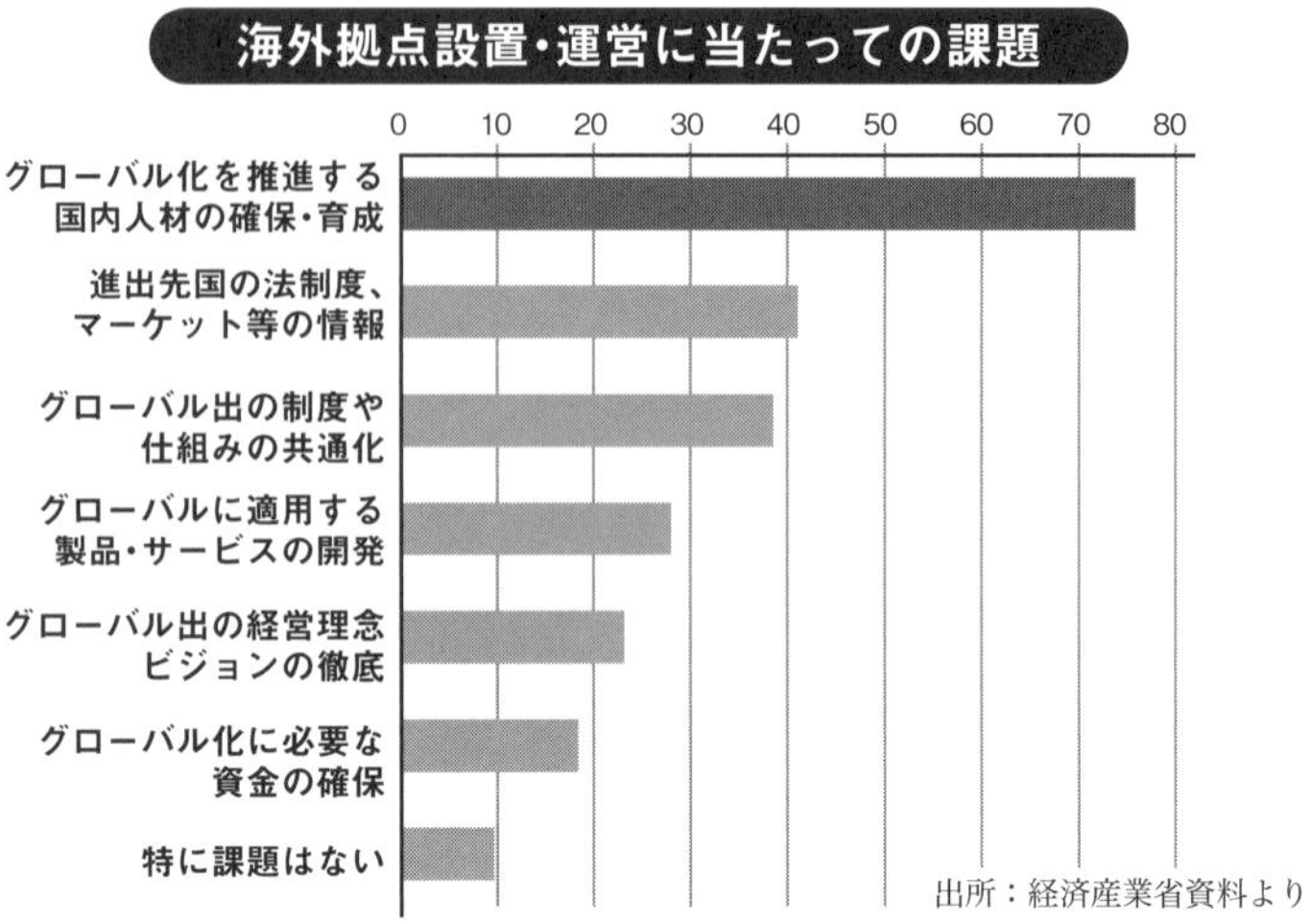

人材紹介会社に取材して確信しています。

上のグラフは、「日本企業が海外拠点設置・運営するに当たっての課題」と考えている項目のアンケート結果です。

これを見ていただけると、グローバル人材の確保・育成が日本の企業にとって、とても大きな課題であると言えますし、今後ますます、そのような状況に拍車がかかることが予想されます。

つまり、**アジア進出している日系企業はグローバル人材を欲しているのです。**

もちろん、日本人であれば誰でも採用されるという時代は終わりました。しかし、ある程度の英語力とスキルがあれば、アジア圏で働くことのハードルは、下がってい

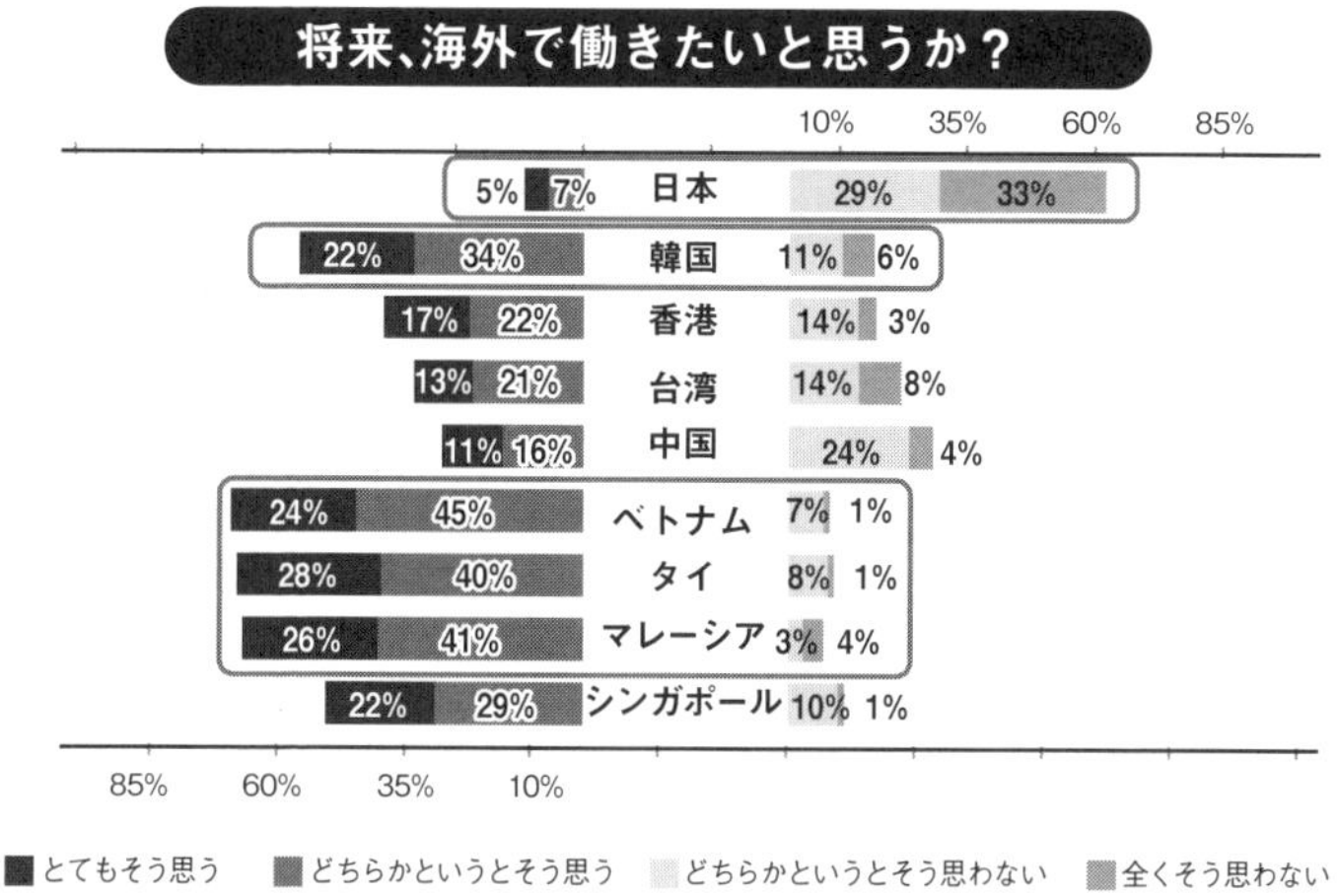

出所：http://www.adecco.co.jp/about/pressroom/investigation/2014/0521/

ると言えます。

このように、アジア就職をして英語によるマネジメント能力を手にすることは、労働市場において需要が高い人材になることを意味しています。

言い換えると、**労働力を購入する企業にとって、アジア就職をするグローバル人材となったあなたは、非常に価値の高い有用な人材になる**ということになります。

一方、日本人の若者は海外で働きたいと思う人は、まだまだ足りないのが現状です。

上のグラフを見ていただけると日本人の若者の海外志向のなさが見て取れると思います。このグラフは、アジア諸国の若者に対して「将来、海外で働きたいと思うか」

を聞いたアンケート結果です。

このアンケートに対して肯定的な回答をした人は、わずかに12％（「どちらかと言うとそう思う：7％」「とてもそう思う：5％」）で、アジア諸国の中で圧倒的に最低の結果となっています。一方、ベトナム、タイ、マレーシアの若者の50％以上は、将来、海外で働きたいと思っていることが、このアンケート結果から読み取れます。

この結果は、海外シフトを加速させたい日本企業にとっては喜ばしくない結果ですが、これから海外で働きたいと思う日本人にとっては朗報です。なぜなら、アジア就職を果たす上で、ライバルとなる相手が非常に少ないことを意味するからです。

また、アジアに進出している企業は、良い人がいれば採用したいと思っていても（人材不足で）採用ができないのが現状のため、アジア就職を果たして数年の実務経験を積んだ後は、あなたの人材としての価値はさらに大幅に上がっていることが予想されます。

最後に一つ付け加えておきます。もしあなたがアジア就職をして、その国に長く滞在するということは、その国の専門家（スペシャリスト）としての価値が上がっていくことを意味します。それはすなわち、あなたのキャリアの中に一つの専門性をつけること。現在の強みに加えて、「その国のスペシャリストである」という要素が加わるのです。

【優れた戦略の第3条件】実行可能である

アジアで働くための「4つのハードル」

　優れた戦略の第3条件は「実行可能である」というものです。どんなに素晴らしい戦略といえども、それが実行できなければ絵に描いた餅になってしまいます。

　そして、**実行可能ということは「あなたにとって」実行可能かどうかが重要です。**

　ここでは、アジア就職する際に、どの程度のハードルがあるかをご説明し、あなたにとって、アジア就職がご自身のキャリアを形成する上で「実行可能であるか」について、一緒に考えていきましょう。

　これから解説をするハードルについては、人によってはとても高いハードルに感じる方もいらっしゃるかもしれません。

特に英語力については、そのように感じられる傾向があります。しかし、海外（特にアジア）で仕事をスタートする上で、それほど高い英語力は求められません。

アジア就職に必要な語学力程度は、集中的に勉強すれば数ヶ月の短期間でつけることは可能です。その点は、章末のコラムで解説をしていきたいと思います。

「能力・精神・経済・ビザ」の4つを目安に考える

海外就職と聞くと、みなさんとてもハードルが高いものに感じるのではないでしょうか。実際、一昔前は海外就職と言えば、欧米への就職ばかりをイメージしていたということもあり、かなりハードルが高かったかもしれません。

しかし、日系企業がアジアにシフトをしている現在、海外就職と言えば、アジア圏内が中心となっています。

ここでは、あなたがアジア就職を目指そうとした場合に超えていくべき4つのハードルについて説明をしていきたいと思います。それは以下の4つに分類できます。

能力的ハードル

・語学力（英語力）はどれくらい必要か？

・就職する際に求められるスキル、職務経験、年齢条件は？　など

精神的ハードル

・自分は海外という環境でやっていけるか不安

・海外で仕事をする際の心構えは？　など

経済的ハードル

・アジア就職をするための初期費用は、どれくらい必要か？

・アジア就職をしてもらえる給料で生活していけるか？　など

ビザ取得上のハードル

・就職を希望する国でビザを取得できるか？　など

今、「能力（英語力）」が低くてもあきらめる必要はない

語学力（英語力）はどれくらい必要か？

まず、アジア就職の選択肢にあがってくるASEAN諸国においては、国によってさまざまな言語が使われているものの、**仕事に限って言えば、「英語」をある程度話すことができれば足りるケースがほとんどです。**

もちろん、ベトナムであれば「ベトナム語」というように、現地の言語を話すことができると、就職する際にも現地で仕事をする際にも非常に有利になります。しかし、少なくとも就職する際には、そこまでの語学力は求められることはほとんどありません。

また、英語力についても、国や業界や業種によるところはありますが、そこまで高い水準を求められないケースが少なくありません。英語力は、集中的かつ効率的に学習すれば比較的短期間で伸ばすことは可能です。そのため、現時点で英語が苦手だからといって、アジア就職を諦める必要はまったくありません。

アジア各国の就職に必要な英語力

国	公用語	求められる英語力（TOEIC）	英語使用度
インドネシア	インドネシア語	550点〜600点前後	△職場のみ。買い物程度OK
タイ	タイ語	550点〜600点前後	△職場のみ。買い物程度OK
フィリピン	タガログ語、英語	550点〜600点前後	◎問題なく通じる
ベトナム	ベトナム語	550点〜600点前後	△職場のみ。買い物程度OK
マレーシア	マレー語	750点〜600点前後	○かなり通じる
シンガポール	英語、マレー語、中国語	800点以上	◎問題なく通じる

出所：複数の人材紹介会社へのヒアリングを基に作成

上の表は、アジア就職の選択肢にあがってくるＡＳＥＡＮ諸国の「公用語」と「求められる英語力（ＴＯＥＩＣ）の点数」および、「英語の通用度」を表しています（一概にはＴＯＥＩＣの点数によって英語力を計れるわけではありませんが、目安として掲載しています）。

表を見ていただくと、英語が公用語の国は、シンガポールとフィリピンの２カ国になります。また、**就職の際に求められる英語力は、インドネシア、タイ、フィリピン、ベトナムでは低く（就職先によってはＴＯＥＩＣ５００点程度でもあります）**、マレーシアやシンガポールは高い傾向があります。

もちろん、仕事内容によって求められる語学力は異なり、この点数に満たない場合も、就職することができる場合もあります。

また、アジア就職をして、業務に英語を使用している間に、英語力を向上させることもできます。会社によっては、英語のレッスンを無償で提供している会社などもあります。

もしあなたが英語力にまだ自信がなくて、今後伸ばしていきたいのであれば、英語が共通語で綺麗な英語を話すフィリピンに就職をして、英語力を伸ばしつつ実務経験を積み、マレーシアやシンガポールなどの国に挑戦するなどのキャリアパスも考えられます。

就職する際に求められるスキル、職務経験、年齢条件は？

就職する際に求められる実務経験・職務経験は、各国によって異なります。

各国ごとに多い業種・職種については、第4章「アジアにおける日本人の就職状況を探る」で解説いたします。

ここでは、アジア就職をする際の一般的な傾向について見ていきましょう。

まず、アジアでの就職を想定した場合、求められるスキルや実務経験はそれほど高いレベルではありません。ただ、アジア就職をする際には即戦力を求められることになります

各国比較　業種・職種

業種（会社の業界）	職種（会社内での役割）
製造業型（製造業中心） ➡タイ・ベトナム・インドネシア（マレーシア）	**製造業型（製造業中心）** ➡法人営業・技術系
バランス型（製造業の他にBPO業務やサービス業などの割合も多い） ➡シンガポール・フィリピン（マレーシア）	**バランス型（製造業の他にサービス業などの割合も多い）** ➡法人営業・技術系職種以外にもカスタマーサービスなどの職種も多い

出所：複数の人材紹介会社へのヒアリングを基に作成

ので、あなたが20歳代後半以上の年齢であるならば、それ相応の職務経験やスキルは必要になります。

また、日本人が現地採用をする上での業種では製造業の割合が高く、職種で言えば、営業および技術系（製造、ＩＴ関連）の仕事が多くなっています。

ただ、近年のＡＳＥＡＮ諸国の経済発展は凄まじいものがあり、以前は安価な人件費を使った製造業および、その周辺の業種（日系の販売商社）などが多数を占めていましたが、現在は製造業以外のサービス業などの現地市場をターゲットにした業種も増えてきています。

２０１７年現在、現地日本人の人材市場は、明らかに求職者優位な状況が続いています。そのため、日本でその分野の職歴やスキルがあれば評価されることになりますが、今は就職したい求職者に比べて求人数が多く、未経験の業界や職種であっても、年齢やこれまでの職歴次第では就職できるケースはあります。むしろ、日本人としての礼儀や常識、ビジネスマナーなどが重視されることが多いようです。

ただ、シンガポールなどはビザの要件上、企業が支払う給料の最低額が高いということもあり、ある程度の職歴やスキルがないと厳しい国もあります。

また、アジア就職をする際の年齢ですが、最も需要があるのは、20代から30代です。40代以上でももちろん就職先は多くありますが、これまでの実績やスキル、マネジメント経験が求められます。こちらも国や業界、職種によって異なります。

アジアで成功する人の3つの「精神的」特徴

初めて海外で仕事をすることに対して、精神的なハードルを感じる方も多いと思います。その気持ちはとてもよくわかります。私も初めて海外で事業を興すときは、とても不安になりましたし、海外で仕事をしたいと思う人のキャリアの相談に乗っている中で、アジア就職について不安に思われる方とも数多く出会いました。

私はこれまでにＡＳＥＡＮ各国の30社以上の人材紹介会社を回り、１００名以上の現地で働く日本人の方にお会いして、お話を伺ってきました。

その中で、海外でイキイキと仕事をされている人と、アジア就職を果たしたものの、明らかに失敗をしてしまって腐っている人、さらに失意の中、帰国を余儀なくされた方ともお会いしました。そこで気づいた「アジア就職に成功されている人の特徴」について触れておきたいと思います。主に３つあります。

特徴１　大まかでも自分のキャリアについての青写真を持っている人

特徴２　目の前の給料や待遇を求めるのではなく、自己の成長を追い求めている人

特徴３　オープンマインドで日本や自分のやり方に固執しない、おおらかな性格の人

これから紹介する、アジア就職を成功された方の特徴を読んでいただき、その特徴を自分が備えている、もしくは、その特徴を備えることが今後できると思われる方は、ぜひ一歩踏み出してほしいと思います。

特徴1　大まかでも自分のキャリアについての青写真を持っている人

海外で働くことは新しい発見や経験ができてとても楽しいのですが、初めてのことも多いですし、言語や文化、考え方が異なる人々と一緒に仕事をするため、うまくいかないことやストレスを感じることもあります。

そのようなときでも自分の将来の青写真があり、キャリアの方向性がはっきりしていれば、目の前のつらいことにも耐えて次に進むことができます。

例えば、タイに就職してそこで将来起業することを夢見ているのであれば、タイでの仕事の経験はすべて、その準備と捉えることができます。逆に、将来のキャリアの方向性が曖昧で、アジア就職の位置付けがはっきりしていない場合は、少し嫌なことがあったら海外で仕事を続けていくことをあきらめてしまうかもしれません。

また、居心地の良さから、何年もダラダラと将来のビジョンにつながらない仕事を続けて、時間を無駄にしてしまうこともあるかもしれません。やはり、大まかでも構わないので自分のキャリアの方向性を決め、アジア就職の位置付けをはっきりさせておいたほうがよいでしょう。

特徴2　目の前の給料や待遇を求めるのではなく、自己の成長を追い求めている人

前の特徴と関連しますが、きちんと将来のキャリアの方向性が決まっていて、アジア就職の位置付けがはっきりしている人は、目の前の給料や待遇だけではなく、得られるスキルや語学力など、自分の成長にフォーカスしています。

そのため、仕事に主体的に取り組むことができ、会社からも評価されますので、より待遇も上がり、よりチャレンジングな仕事を任せてもらえるようになります。

このような人は、再度、転職をするにせよ、前の会社の実績やスキルを評価してもらえるため、よりチャレンジングで高待遇な仕事を得ることができるでしょう。

特徴3　オープンマインドで日本や自分のやり方に固執しない、おおらかな性格の人

海外で働き始めると、当然仕事のやり方も考え方も異なる人々と一緒に仕事をすることになります。

国や人によっては、自分の仕事が終わっていないのに平気で休暇を取ったり、定時に帰ってしまう人もいるでしょうし、仕事のやり方が日本基準でいうと雑な人もいるかもしれ

ません。

そのようなときでも、日本や自分のやり方に固執せずに、違いを認めつつ、おおらかな対応ができる人は海外で働くのには向いていると言えます。

また、電車は時間通りに来ないことも多いですし、コンビニのレジで並んでいても、談笑していて、ちっとも仕事をしない店員にイライラすることもあるでしょう。

私も海外で仕事をするようになって、随分と物腰やわらかな性格になったと思います。

逆に、そのようにできない人は、ストレスを抱え込んでしまうこともあります。もちろん、日本人としてきちんと仕事をこなすことは大切ですが、あまり神経質にならずに、おおらかに対応できる人のほうが、海外で働くことには向いていると言えるでしょう。

就活から内定まで50万円あれば「経済面」はクリア

海外での就職を考えている人にとっては、経済的な観点でハードルを感じている人もいらっしゃるかと思います。

アジア就職をするための初期費用はどれくらい必要か？

アジア就職をする際には、多額ではありませんが、さまざまな費用がかかります。以下がその費用の概要になります。

- 英語学習費用（オンライン英会話3ヶ月＋参考書等）：5万円程度
- 就職活動渡航費（往復チケット＋宿泊費3日＋滞在費）：8万円程度
- 渡航準備費用（スーツケース、着替えなど）：2万円程度
- 渡航費（片道チケット）：3万円程度
- 下宿家賃費用（前払家賃2ヶ月分）：12万円程度
- 生活準備費用：10万円程度
- 予備費：10万円程度

合計：50万円程度

合計で50万円程度の予算があれば、ある程度は余裕を持って、就職活動から内定取得、

渡航、生活準備などができるでしょう。

ただ、英語学習費用については、現在のあなたの英語力および英語の学習方法によって大きく変動します。

既にある程度の英語力（TOEIC500～600点ほど）を持っている人であれば、上記の予算通りで問題はないと思いますが、まだ英語力に自信がなく、フィリピン格安留学などをしてからアジア就職に臨むのであれば、1ヶ月あたり20万円～30万円の追加費用がかかることになります。

効率的な英語学習方法について知りたい方は、章末のコラムをご参照ください。

アジア就職をしてもらえる給料で生活していけるか？

一般的なアジア就職である現地採用（現地の日系企業や外資系企業、現地企業などに直接雇用されること）で就職をした場合、当然、国や都市、業界や職種によって給料は異なります。

海外で生活する費用についても、住む国や街、住居や食生活によっても当然違います。

ここでは、あくまでの一般的な国別の給料や生活費の水準についてご紹介します。

国別現地採用給与の目安

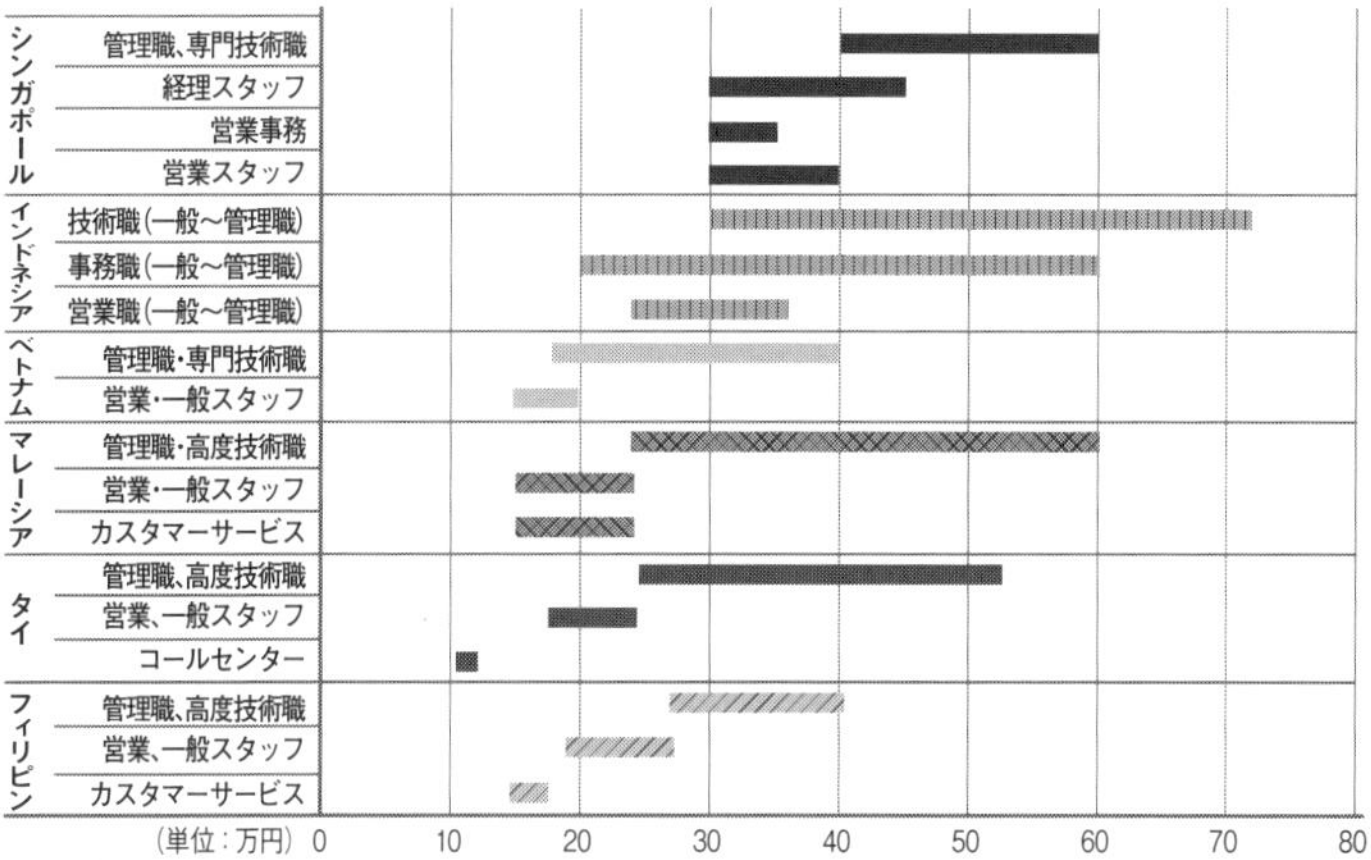

出所：複数の人材紹介会社へのヒアリングを基に作成

詳細な生活費などについては、第4章にてご紹介します。

まず、ASEAN諸国にアジア就職した場合の「国別現地採用の給与の目安」は、上のグラフのようになります。

一般的に営業の職種に就いた場合、給与は20万円程度です（所得税控除前）。ただし、シンガポールなどの物価が高い国に就職した場合や特別なスキルや経験を持っている場合は、40万~60万円程度の給与をもらえるケースもあります。

一方、生活費ですが、こちらも国や生活水準によって大きく異なります。

詳しくは、次ページのフィリピン・マ

マニラで就職した場合の収入・支出・貯金額の目安

A.住居費

（1ペソ＝2.7円で換算）

項目	金額（ペソ）	金額（円）
ワンルーム（コンドミニアム）	15,000	40,500
2LDKマンション	25,000	67,500

B.その他費用

項目	金額（ペソ）	金額（円）
食費	15,000	40,500
水道光熱費	1,500	4,050
通信費	800	2,160
交通費	1,000	2,700
交際費・雑費	6,000	16,200
税金・保険料	15,000	40,500

C.費用総額（住居費（A）＋その他費用（B））

項目	金額（ペソ）	金額（円）
ワンルーム（コンドミニアム）を利用	54,300	146,610
2LDKマンションを利用	64,300	173,610

D.収入概算

項目	金額（ペソ）	金額（円）
製造業販売子会社営業マニラ勤務	80,000	216,000

E.貯金金額（＝収入額（D）－費用総額（C））

項目	金額（ペソ）	金額（円）
ワンルーム（コンドミニアム）を利用	25,700	69,390
2LDKマンションを利用	15,700	42,390

出所：マニラ在住者へのヒアリングを基に作成

ニラで就職した場合の想定される収入・支出・貯金額の表を参照してください。

表のように、**コンドミニアムで生活した場合、７万円前後の貯金をすることができます。**給料については、日本と仕事をしていた場合と比べて減ってしまうかもしれませんが、生活費も少ないことから、節約をすれば、ある程度の貯金をすることは可能です。

「ビザ取得要件」をチェックする

日本人に限らず、海外で仕事をするためには、パスポートのほかに就労ビザが必要になります。この就労ビザの取得が海外で働く上での一つのハードルになっています。

しかし、シンガポールで就職をする以外、ＡＳＥＡＮ諸国のビザの取得要件は、さほど高くないのが現状です。また、ビザの取得要件が一見厳しかったとしても、その要件に合致していなかったとしても、就労ビザが発給されるケースもあります。

まずは、普段あまり海外に行かない人にとって、ビザ自体、あまり馴染みがないと思いますので、少し解説しておきます。

ビザと就労ビザの定義は、以下になります。

ASEAN諸国のビザ取得要件

国	ビザ要件
タイ	学歴や過去の実務経験や経歴などを問われることはなく、簡単な面接をパスすれば就労ビザがおりるケースがほとんど。
フィリピン	同上
インドネシア	「①4年制大学卒」かつ「②25歳以上」かつ「3年以上の実務経験」※1
ベトナム	「①4年制大学卒」かつ「②5年以上の実務経験」※1
マレーシア	「大学卒業資格」かつ「数年の実務経験」がある場合には問題なく出るケースが多い。大学卒業資格がなくても実務経験が豊富で年齢が20歳後半以上であれば、出るケースもあり。
シンガポール	①Sパス …申請条件としては、専門学校、短期大学もしくはそれらと同等かそれ以上の学歴を有することと、月額固定給料が2,200ドル以上であること。 ②EP(エンプロイメントパス) …一定以上の学歴(※1)と最低3,300ドル以上の月額固定給料であることが申請条件。Q1とP1、P2の3種類ありますが、申請条件は月額の固定給料額によって異なります。 P1:8,000Sドル以上　P2:4,500Sドル以上　Q1:3,300Sドル以上

※この条件を満たさない場合でもビザが発給される場合はある。

出所：複数の人材紹介会社へのヒアリングを基に作成

ビザ　：国が自国民以外に対して、その人物の所持する旅券が有効であり、かつその人物が入国しても差し支えないと示す証書。

就労ビザ：その国で一定期間就労して、経済的利益を得るために必要なビザ。

アジア就職をする上で、就労ビザの要件は非常に重要です。

タイやフィリピンのように就労要件が非常に緩い国から、シンガポールのように非常に厳しい国もあります。

一方で、インドネシアやベトナムのように、政府によってある程度厳しい要件が課されていても、実務上、この要件をクリアしていなくても、就労ビザが発給されてしまうこともあります。

各国の就労ビザの発給要件は非常に変わりやすく、ビザ発給の担当者やビザを取得する就職先企業の力によっても変わってきます。そのため、就労ビザの発給要件については、必ず転職エージェントに最新状況を確認するようにしてください。

ここまで、アジア就職をする上での4つのハードルについて見てきました。この4つのハードルをクリアできたとしたら、あなたにとってアジア就職は、優れた戦略の第3条件「実行可能である」を満たすことになります。

戦略の第1条件「中長期的に有効である」と、第2条件「費用対効果を最大化する」については、基本的に誰にとっても当てはまる条件ですが、この第3条件「実行可能である」については、現時点においては該当しなかった人もいるかもしれません。

ただ、今のあなたにとって当てはまらなかったとしても、足りない英語力を強化したり、ご自身のキャリアについて考えることで、将来的にアジア就職を目指すことは可能です。

個人のキャリアを考えたときアジア就職は、日本国内で働くことと比べて、現時点での社会環境上、とても有力な人生戦略であると、私は考えています。

その理由は、このキャリア戦略が、多くの人にとって「優れた戦略の3条件」に合致していることです。ここまで読んでくださったみなさんには、ぜひ人生の選択肢にアジアでキャリアを構築することを加えていただければと思います。

ここまでの「復習」

ここまで、アジア就職をすることで得られるメリットおよび、自分の人生を切り開くためのキャリア戦略の重要性を述べてきました。

さらに、優れた戦略の3要素を提示した上で、アジア就職は現時点で優れた人生戦略になり得ることを説明してきました。

この章を読んでいただき、みなさんはどのように思われたでしょうか？

海外で仕事をするということも、人生の選択肢の中に加えていただけたでしょうか？

少しでも、選択肢としてあなたの頭に残ったとしたら、私の試みは成功したと言えます。私は、人生において選択肢を増やすことはとても大切なことだと思っています。たとえ今、それを選ばなかったとしても、選択肢として持っておけば、いつかそのときが来た際に、それを思い出し、それを選択する自由を手にすることができるからです。

私には、ブラック企業に就職して、いじめに遭い、自殺した中学時代の友人がいます。詳細はわからない部分もあるので勝手なことを言えないのは百も承知なのですが、おそらく彼は、その時点において追い詰められ、ほかに選択肢を見出せなかったのだと思います。人が絶望するときは、失敗したときではなく、選択肢がなくなったと「思い込んでしまったとき」だと思います。

この世の中には、実は選択肢は無限にあるのです。でも、それがないと思い込んでしまったときに、人は絶望してしまうのではないでしょうか。

海外で就職することは、決して唯一の選択肢ではありませんし、数多くあるキャリアの選択肢の中の一つに過ぎません。だから、間違ってもアジア就職を唯一の選択肢であるとは思わないでください。

そして、ほかにも選択肢はないかを模索し続けてください。

最終的に一つに絞ることは大切だと思いますが、その際にも、常に複数の選択肢を頭に置いておくことは大切なことです。ここまで読んでいただいたあなたの人生の選択肢が、少しでも増えたのであればとても嬉しいです。


第2章は、実際にアジア就職をする際のステップや、その際に起こりうるリスク、落とし穴についてご紹介します。

かなり具体的に記載していますので、もしあなたがアジア就職について興味を抱いているのであれば、とても役に立つ内容になっています。

それでは、新たな旅への準備の章に向かいましょう。

Column 1

短期間で効率的に英語力を身につける方法

▼求められる英語力と語学力を高める意義

アジア就職をする上で、ご自身の英語力に不安を持たれる方も多いと思います。ただ、シンガポールやマレーシア就職で求められる英語力はやや高いものの、アジア就職をする際の英語力のハードルは一般的に思われているほどは高くありません。

ここでは簡単ではありますが、短期間で効率的に英語力を身に付ける方法について解説していきます。

次ページの表は、アジア各国の公用語および、就職する上で必要なTOEICの点数の目安です。

当然、就職する業界や職種、企業によって求められる点数は異なります。

アジア各国の就職に必要な英語力

国	公用語	求められる英語力（TOEIC）	英語使用度
インドネシア	インドネシア語	550点～600点前後	△職場のみ。買い物程度OK
タイ	タイ語	550点～600点前後	△職場のみ。買い物程度OK
フィリピン	タガログ語、英語	550点～600点前後	◎問題なく通じる
ベトナム	ベトナム語	550点～600点前後	△職場のみ。買い物程度OK
マレーシア	マレー語	750点～600点前後	○かなり通じる
シンガポール	英語、マレー語、中国語	800点以上	◎問題なく通じる

出所：複数の人材紹介会社へのヒアリングを基に作成

また、TOEICのスコアよりも実際の会話力のほうが重要視されており、英語での面接さえクリアしてしまえば、スコア自体は参考情報扱いの企業も多くあります。

ただ、せっかく海外での就職を果たしたのであれば、ぜひ就職後も英語やその国の言語を勉強して、語学力を磨いてもらいたいものです。

なぜなら、語学力を伸ばすことで、業務の範囲を広げることができますし、英語で現地のスタッフのマネジメント経験を積んだ2、3年後には、選べるキャリアの選択肢をさらに広げることができるためです。

▼効率的な英語力の磨き方

アジア就職を念頭に置いた場合、ＴＯＥＩＣのスコアアップを最優先にして勉強をするよりも、会話力の向上を最優先に勉強をするべきです。

前述した通り、就職先の企業はＴＯＥＩＣのスコアよりも英語によるコミュニケーション能力を重要視するからです。

私はＴＯＥＩＣのスコア向上のための勉強は、バランスのとれた勉強ができるので良いとは思っていますが、まずは会話中心の勉強をしていき、アジア就職を果たした後、必要に迫られた状況で英語の勉強を深めていったほうが、結果的には早いと思います。

以下は、最速でアジア就職を可能にする、英語力の磨き方について解説します。

▼アジア就職を念頭においた最速の英語力の磨き方の手順

まずは、アジア就職に必要な語学力を次のように定義しました。

アジア就職に必要な英語力の定義＝日常英会話＋αの英語力

これはあくまで、アジア就職に必要な最低限の語学力です。

しかし、このレベルをクリアしてしまえば、国や職種によっては十分にアジアでの仕事をスタートできます。

さらに、アジア就職を念頭に置いた、最速の英語力の磨き方の手順は、次のように進んでいきます。

ステップ1 基礎力養成の段階 ～まずは中学生の文法をおさらいしよう～

ステップ2 実践力養成の段階 ～ネイティブフィリピン人講師と喋ってみよう～

ステップ3 実践段階 ～迷わず世界に飛び出してみよう～

以下、各手順について見ていきましょう。

▼ステップ1　基礎力養成の段階　～まずは中学生の文法をおさらいしよう～

まず、日常会話レベルの英会話力をつける上で必要な文法力は、中学英文法レベルで十分です。そのため、大学入試において極端に英語が不得意な場合を除き、多くの人にとっては、既に忘れてしまった中学英文法の知識を思い出す程度で良いと思います。

手順1の完成の目安は次の通りです。

基礎文法 の習得および 基礎語彙力 をつける

ただし求められる英文法の運用能力は、文法がわかる程度では不十分です。中学英文法の知識を使い、自由に英語の文章を組み立てて使えるレベルまで上げる必要があります。

▽基礎文法＝中学レベルの英文法を自由自在に使いこなせる段階

その練習方法ですが、英語業界では非常に評価の高い『どんどん話すための瞬間英作文トレーニング』（森沢洋介・著／ベレ出版）などのテキストを使い、自習をしていけば良いでしょう。

練習方法ですが、中学レベルの英文法を使って「日本語文章」→「英語文章」に口頭で瞬時に変換する練習（瞬間英作文）を徹底的に行っていきます。

また、中学レベルの英文法の知識が足りない人については、中学英文法の参考書を購入して、参照しながら学習を進めていきます。

少し極論ではありますが、この段階ではリスニングについては取り立てて勉強する必要はないと思います。もちろん、リスニング教材を勉強することは英語学習にとっては良いとは思います。しかし、この本を読んでいる方の大部分は会社員で忙しいと思いますし、瞬間英作文と語彙力をつけるための勉強をするだけでも精一杯だと思います。

また、この段階でリスニングを勉強するよりも、なるべく早く中学英文法を使いこなせるだけの力を身に付けたほうが、効率的に次の段階に進むことができるでしょう。

▽基礎語彙力＝高校1年生レベル程度の単語力（TOEIC500点レベル）

次に基礎語彙力ですが、こちらは高校1年生レベル程度の単語力をなるべく早めに身に付けてください。ある程度の会話をしようと思った場合の、最低レベルの単語力がこのレベルになります。

経済の話をするときに「economy」という単語がわからないと話にならないことを考えていただければ、単語力は英語で会話をする上で非常に重要であることは理解していただけると思います。

こちらについては、優れたテキストが山ほど出ているので、自分のレベルにあったものを選んでいただければと思います。選ぶべき単語帳のレベルは、パラパラと単語帳をめくっていき、最低でも3～4割程度は、何となく見たことがある単語が掲載されているレベルが良いでしょう。単語帳を読んでいても、知っている単語がまったくないというレベルのものは、勉強をしていてもモチベーションを保つ上で少し難しいと思います。

また、単語一語一語を覚えていくよりも、連語や文章レベルで暗記をしていったほうが覚えやすいですし、忘れにくいと思います。次の単語帳は私が個人的にお勧めできるものです。この中から自分に合うものを、１冊選んで使っていただくと良いでしょう。

- 『DUO セレクト』（鈴木陽一・著／アイシーピー）

・『DUO3.0』（鈴木陽一・著／アイシーピー）
・『新 TOEIC TEST 出る単特急 金のフレーズ』（TEX加藤・著／朝日新聞出版）

▼ステップ2 実践力養成の段階 ～ネイティブフィリピン人講師と喋ってみよう～

基礎力養成の段階を概ねクリアした後は、実践力養成の段階に入ります。この段階での学習方法は数多くありますが、本書では、昨今話題のフィリピン格安英会話スクールを使った英語学習方法をご提案します。

フィリピンの格安英会話スクールには、「①オンライン英会話」と「②フィリピン英会話留学」があります。それぞれ一長一短ありますが、魅力はその安さとマンツーマンレッスンにあります。それぞれの特徴は次のようになります。

❶オンライン英会話

Skypeや会社独自のシステムを使い、日本にいながらフィリピン人英語講師とオンラインで英会話のレッスンを受講できます。そのため、日本で仕事を続けながら、英語のマンツーマンレッスンを低価格、かつ時間的・場所的な制約なしで受講することができます。

現在、フィリピンのオンライン英会話スクールが乱立しており、価格もさらに下がっています。オンライン英会話最大手のレアジョブやDMM英会話などでは、1日25分のレッスンを毎日受けても月額5000円程度の受講料など、破格の価格体系になっています。

各社、最初のレッスンは無料キャンペーンをやっていますので、一度試していただくと良いでしょう。

❷フィリピン英会話留学

一方で、集中的に直接フィリピン現地でマンツーマンレッスンを受講したい人には、フィリピン英会話留学を検討しても良いでしょう。月額20万円程度の受講料から、毎日6時間～8時間のフィリピン人ネイティブ講師の英語レッスンが受講できる日系の英会話スクールが数多くあります。

特に、国際的なリゾート地であるセブには数多くの英会話スクールがあります。平日は学校に籠って一日中英語レッスンを受講し、休日は南の島でリゾートを楽しむことも可能です。

私もセブで「CROSS×ROAD《クロスロード》」という英会話スクールを経営しています。

そこでは海外就職準備コースも設けており、海外キャリア専門のコンサルタントを在住させています。英文履歴書の作成から英語面接対策、実践的なビジネス英語の習得も可能で、在学中にアジア各国の企業からの内定を取得することを目指している学校です。

ぜひ、ホームページをご確認していただければと思います。

▼ステップ3 実践段階 ～迷わず世界に飛び出してみよう～

ステップ1 と ステップ2 を経て、日常英会話＋αの語学力を手にしたら、いよいよ実践段階であるアジア就職に一歩踏み出しましょう。

日本人の英語学習者を見ていると、あまりにも学習そのものに重点を置き過ぎていて、実際に身に付けた英語力を使うという視点が、やや欠けている人が多いと思います。

また、間違った英語を使うことを過度に恐れてしまい、いつまでも学習を続けている人もいます。「世界の標準語は英語ではなく、ブロークンイングリッシュである」と言われるように、アジアで就職して仕事をするのに、そこまで高い英語力は求められません。

また、英語に限った話ではありませんが、自分の実力はまだ不十分だと思っていたとしても、その世界に飛び込んでしまい、必死にその環境についていくことを通して英語を学んだほうが、効率の面でもモチベーションの面でも学習効果は高いと思います。

もちろん、実際にアジア就職をするとなると、現在の仕事や生活のタイミングを計る必要もあります。

しかし、良いタイミングが来たら、「まだ少し早いかな」と思ったとしても行動に移すくらいの大胆さを持ったほうが良いのではないでしょうか。

確かに、このレベルまで語学力を上げることは簡単ではありません。しかし、一旦ここまでの語学力をつけてしまえば、世界の舞台への挑戦権を得ることができるのです。

ぜひ、最速でアジア就職に必要な語学力をつけて、世界に飛び出しましょう。

第2章

アジア就職のための5ステップを知る

「海外駐在」と「現地採用」の2つの働き方を比較する

第1章では、アジア就職で得られるメリットと人生において戦略を持つ重要性、さらにアジア就職が優れた戦略の3要件に合致しているかについて述べました。

そこで第2章では「アジア就職の5ステップ」としてアジア就職の各手順について、詳細に見ていくことにしましょう。

その前に、海外で就職して企業で働く場合、基本的には「海外駐在」と「現地採用」という2つの選択肢があります。

まずは海外で働くための2つの方法のメリット・デメリットを知っていただき、あなたはどちらの方法でアジア就職を果たすのかを検討していただきたいと思います。

それぞれの定義は、次のようになります。

海外駐在員　：日本企業や外資系企業の日本法人に雇用されて、会社命令で海外拠点に赴任している人

現地採用スタッフ：現地の日系企業や外資系企業、現地企業などに直接雇用されている人

この定義を踏まえた上で、あなたはどちらの形態でアジア就職を目指すべきでしょうか。

結論から言えば、あなたが現在の職場で海外転勤のチャンスが、すぐにはない場合、「現地採用」という形態でアジアで働くことを検討すべき、ということになります。

「海外駐在員」と「現地採用」はどちらも海外で会社員として働くという意味では同じですが、給与や待遇、自由度の面などで両者は大きく異なります。

では、それぞれの特徴について、具体的に見ていきましょう。

雇用主は「日本国内企業」か「現地企業」か

海外駐在は日本国内で雇用され、海外へ派遣されるため、たとえ働いている場所は海外であっても、雇用主は日本の国内企業になります。

一方、現地採用は、求職者は現地の企業に直接雇用されることになるため、現地の企業が日系どうかは関係なく、雇用主はその国の企業になります。

雇用主が日本側になるか現地側になるかによって、給料などの待遇や自由度、仕事内容などは大きく異なってきます。

「給与や待遇面」は圧倒的に「海外駐在員」が有利

まず最初に気になるのは、給与や待遇面の相違だと思います。これについては圧倒的に「海外駐在員」が有利です。

「現地採用」の給与が20万円だったとしても、「駐在員」は日本での給与に加えて、海外赴任手当、さらには高級コンドミニアムを会社経費で賃貸してもらえるケースがほとんどです。

日本の社会保険および雇用保険などの間接的なものを考慮すると「現地採用」の2倍～3倍程度の報酬の違いが出てくる場合もあります。

国や就職先が選べる「自由度」は「現地採用」に分がある

一方、海外で働くまでの難易度と自由度を考えると、圧倒的に有利なのは「現地採用」。「駐在員」は通常、日本で採用され、数年から十数年間に渡って同じ会社で働き、日本での実績を評価されたり、自ら手を挙げた社員の中から、会社の方針に従って決められた国に赴任されることになります。

そのため基本的には国を選ぶこともできませんし、タイミングも自分で決めることはできません。しかも、希望すれば選抜されるというものでもないため、「駐在員」として海外に赴任するのは、一般的に難易度が高く、自由度は低いです。

一方の「現地採用」は、現地の企業に直接雇用されることになります。就職・転職活動も現地企業と直接行います。そのため自分で働く国や都市、そのタイミングを決めることができます。

また、企業としても企業側の意向で現地に赴任し、なおかつコストがかかる「駐在員」よりも、**現地で働くことを前提に就職を希望して、コストも数分の1で済む「現地採用」**

のほうが採用しやいのが現状です。したがって「現地採用」は、自分で国や就職先を選べる点、海外で働くチャンスを得る面で難易度が低く、自由度が高いと言えます。

根本的に異なる両者の「仕事内容」

仕事内容についても「海外駐在員」と「現地採用」では異なります。

「海外駐在員」が日本側からわざわざ高い給料をもらって派遣されてきたことを考えると、ほとんどの場合、仕事内容は現地業務のマネジメントや新規事業開発、もしくは研究開発などの特殊な技能が必要となる非常に責任の重い仕事になります。

一方の「現地採用」は、直接、現地企業に雇われることになります。もちろん、わざわざ現地の人よりも賃金が高い日本人を雇うわけですから、日本人でなくてはできない仕事を行うことになります。

具体的には、現地の他の日系企業や現地在住の日本人の顧客への営業などの、日本語によるオペレーションや、現地のスタッフと日本本社もしくは現地駐在員との橋渡し役などの業務が多くなります。

郵　便　は　が　き

料金受取人払郵便

赤坂局承認

4575

差出有効期間
平成30年6月
19日まで
切手を貼らずに
お出しください。

107-8790

東京都港区
赤坂1-9-13
三会堂ビル8F

111

株式会社 経済界 愛読者係行

フリガナ		性別	男・女
お名前		年齢	歳
ご住所			
電話			
メールアドレス			
ご職業	1　会社員（業種　）　2　自営業（業種　） 3　公務員（職種　）　4　学生（中・高・高専・大・専門・院） 5　主婦　6　その他（　）		

本書をご購入いただきまして、誠にありがとうございます。

本ハガキで取得させていただきますお客様の個人情報は、厳重に取り扱います。
ご記入されたご住所、お名前、メールアドレスなどは、企画の参考、企画用アンケートの依頼、および商品情報の案内の目的にのみ使用するもので、他の目的では使用いたしません。

弊社および関連会社からご案内を送付することがあります。
不要の場合は、右の口に×をしてください。　不要 □

1 本書をお買い求めいただいた本のタイトル名

2 本書についての感想、ご意見などをお聞かせください

3 本書のなかで一番良かったところ、心に残ったひと言など

4 本書をお買い求めになった動機は何ですか？

1. 書店で見て　2. 新聞広告を見て　3. 雑誌の紹介記事を読んで
4. 知人にすすめられて　5. その他（　　　　）

5 最近読んで良かった本・雑誌・記事などありましたら

6 今後、経済界に出してほしい本があれば教えてください

7 ご意見・ご感想を広告などの書籍のPRに使用してもよろしいですか？

1　実名で可	2　匿名で可	3　不可

ホームページ　http://www.keizaikai.co.jp　　ご協力ありがとうございました。

海外駐在と現地採用の主な特徴

	海外駐在	現地採用
雇用主	日本で雇用→現地に派遣	現地企業（日系／現地）に直接雇用
対偶	日本基準／赴任手当／安定	現地基準（日本人として）
自由度	少ない／会社命令／社内経験	大きい／自分で選択
仕事内容	マネジメント	日本人向け営業 現地スタッフと本社との橋渡し
チャンス	少ない。 会社によるが減少傾向	多い。増加傾向

出所：複数の人材紹介会社へのヒアリングを基に作成

人生戦略や生き方によって「将来性」は違ってくる

「駐在員」と「現地採用」のどちらが、将来性があるかという点については、ケースバイケースになります。

ただ仮に、あなたがある特定の企業に雇われ続けることを望むのならば、可能であれば「駐在員」のほうが良いでしょう。

「駐在員」は、現地スタッフや「現地採用」の日本人をマネジメントする立場で、日本から赴任しています。2年から5年で日本に戻り、そこでキャリアを積む場合も多いですし、現地で業績を上げれば、日本で上位のポストを用意してくれる場合もあるでしょう。あくまであなたの人事は、日本国内の本社が管理しています。

一方、「現地採用」はと言えば、「現地企業」に直接雇われることになります。そのため、あなたがどんなに現地で活躍したとしても、あくまで現地企業内で評価されるのみで、日本の本社内で評価されるわけではありません。

したがって日本本社で登用されたり、日本国内にポストを用意されるという可能性は若干はあるものの、あまり高いとは言えません。

また、ある程度の規模で、日本から定期的にマネジメント層が出向する会社の場合、彼らより上のポジションに行けることもまずないでしょう。そのため**「現地採用」の多くは、現在の企業に勤め上げるというマインドを持っている人は少なく、より有利な条件での転職や独立起業を考える人が少なくありません。**

結論としては、あなたが海外で働くことを希望していて、現在の職場で海外転勤のチャンスがある場合は「海外駐在員」を選び、そのようなチャンスが今の社内になかったり、ほかの企業への就職や転職を伴ったり、自分の望む国や都市で仕事をしたいのであれば、「現地採用」として海外で働くことを選ぶことになります。

「アジアで働く」までの5つの手順

いよいよ次項からは、あなたがアジア就職を実現するために、どのようなステップを踏めば良いのかを紹介します。主なステップは次の5つです。

ステップ1　自己分析とアジア就職をすべきかの選択
ステップ2　国および都市の選択
ステップ3　転職エージェントへの登録、求人票の検討
ステップ4　現地企業との電話面談と現地面談
ステップ5　現地での仕事をスタートさせる

アジア就職の転職活動は、あなたが思っているよりもシンプルですが、国内の転職活動との違いや海外特有の留意点もあります。それらも明確にしていきたいと思います。

【アジア就職のステップ1】自己分析とアジア就職をすべきかの選択

これまでのキャリアを整理して自分の可能性に一歩踏み出そう

アジア就職の最初のステップは、「自己分析」と「アジア就職をすべきかの選択」です。アジア就職は、今後の時代の流れや社会のニーズを考えた上で、とても有力な選択肢であることは第1章でお伝えした通りです。

しかし、あなたが本当にアジア就職をすべきかどうかは、自分のキャリアの方向性をきちんと考えた上で選択すべきです。

ここでは簡単ではありますが、自己分析のやり方やキャリアの方向性の選択方法、アジア就職についての情報収集のやり方などについて見ていきましょう。

「過去と今後」のキャリアを整理する

自己分析や自分のキャリアの棚卸しをすることは非常に重要です。たとえあなたが、アジア就職をしようがしまいが、ぜひこの機会に自分のキャリアを振り返り、今後の方向性について検討してみてください。

アジア就職自体が優れたキャリア戦略だったとしても、どの国や都市を選び、どのような業界のどのような職種を選ぶべきか、ということは非常に重要です。

また、ご自分のこれまでのキャリアの中で培ったスキルをアピールすることで、より良い待遇で雇用されることも可能です。人によっては、これまでの自分の歩みや築いてきたキャリアが思い描いていたものと異なり、愕然とするかもしれません。反省するところは反省し、今後のキャリアに活かしていきましょう。

この際、一度書いていただきたいのが次ページのキャリアシートです。

これは大きく「これまでのキャリアの棚卸し」と「今後のキャリアの方向性」について記載していきます。

自己分析のためのキャリアシート

カテゴリー		職種	職務	実績	スキル	自己評価・満足度
①これまでのキャリアの棚卸し	過去					
	現在					
カテゴリー		職種	職務	理想像	理由	国内／海外(国名)
②今後のキャリアの方向性	将来					

「これまでのキャリアの棚卸し」は、過去と現在に分かれており、①職種、②職務、③実績、④スキル、⑤自己評価・満足度の順に記入していきます。

これらを記入することで、自分のこれまでのキャリアの大まかな流れや強みやスキル、実績が理解できると思います。履歴書や特に職務経歴書を作成する際に、必ず必要になる情報ですので、この時点できちんと記入し、把握しておくことが大切です。

また、「今後のキャリアの方向性」については、希望の①職種、②職務、③理想像、④理由、⑤場所(国内／海外)について記載します。

これらについては、面接で必ず聞かれる事項ですので、自分の言葉で語れるように、きちんと把握しておく必要があります。できれば、これらの一連の作業の中で、自分の価値観というものを把握できると良いと思います。

この作業は、今後の自分のキャリアの方向性を決める上で一番の基礎になります。時間はかかりますが、面倒臭がったりせず、きちんと行ってください。

自分でやることが難しい場合は、専門のキャリアカウンセラーやコーチなどに相談して、一緒に進めても良いかもしれません。

「5年後まで」の理想の自分をプロットしよう

キャリアシートを埋めることで、これまでのキャリアの棚卸しと、今後のキャリアの方向性や展望について把握できたと思います。

しかし、このキャリアシートを作成するだけでは不十分です。なぜなら、過去・現在のキャリアの棚卸しのみから将来の展望を作った場合、過去からの延長線上からしか、将来について考えることができなくなってしまう恐れがあるためです。

そのため、一度過去のキャリアについては横に置いて、純粋に自分は、将来どこでどのように働いていたいかについて、あなたの理想を考えてみてください。

具体的には、①仕事や生活の拠点はどこか？（国内と海外を行ったり来たり）、②どのような形態で仕事をしているか？（独立／被雇用）について、次ページ図を参考にプロットしてみてください。5年後のイメージが良いと思います。

私のまわりを見ても、5年間、本気で何かを目指し、それに向けて懸命に努力された人は、その方面で活躍されている人が多いように思います。

さらに、現在の自分と5年後の自分を繋ぐための、途中のキャリアをプロットしてみてください。そしてできる限り、具体的にその過程について考えてみてください。

例えば、現在は国内で会社員として働いていたとして、5年後は海外や国内と海外を行ったり来たりしながら独立して働くことを希望した場合、1年後にアジア就職をして、スキルや人脈やチャンスを探すことが良いかもしれません。

また、一度、海外で仕事をして語学力やスキルを身に付けて、数年後、国内でまた会社員として働くことを希望する人もいるでしょう。その場合、大きくどのようなキャリアパスがあるでしょうか？　また、その過程でどのようなスキルや人脈を構築する必要があるでしょうか？　このように大きな視点で自分のキャリアを考えてみることは大切です。

5年後までの理想の自分をプロットしてみる

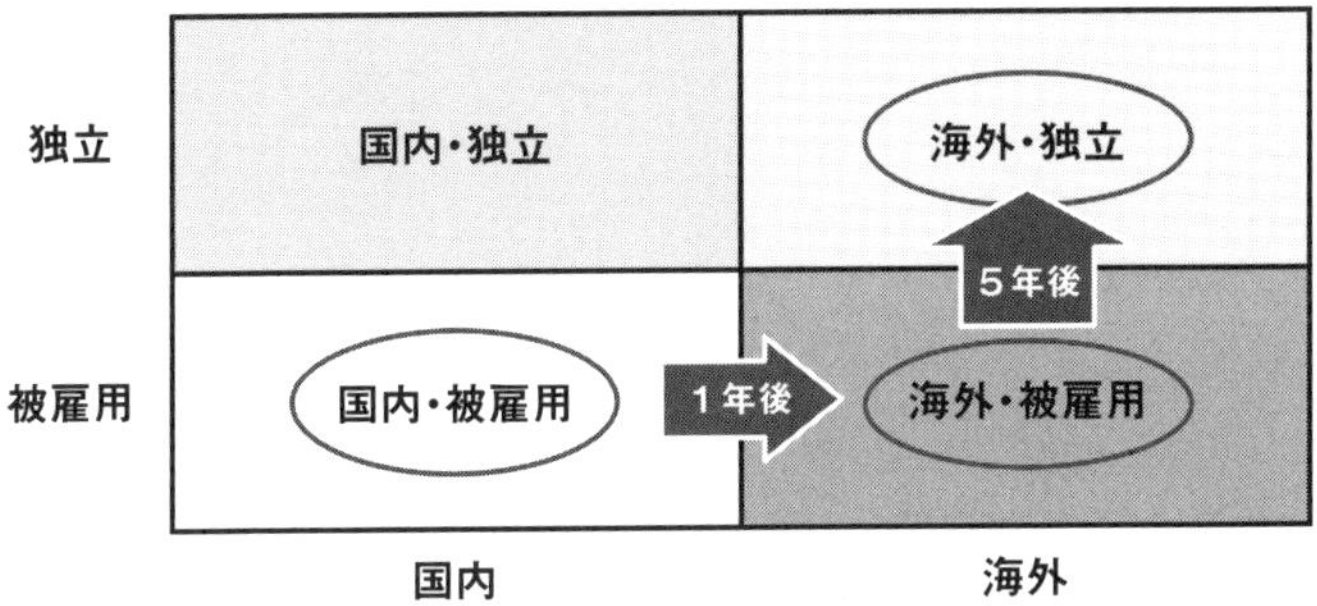

この青写真はあくまでも仮で構いません。実際にキャリアプランを実行に移し、経験をしていく中で、さまざまな出会いがあり、多くの情報を得て、自ずとキャリアの方向性も変わってくるでしょう。

大切なのは、その青写真に沿って、海外での仕事に真剣に取り組むことです。漫然と目の前の仕事をこなすのか、将来の理想に向かって仕事に取り組むのかでは、その時間の意味は大きく異なってきます。

「価値の高い情報」を集める方法

アジア就職が、今後の社会の変化を考えたときにも非常に有力な選択肢の一つであり、さらに踏み込んで、アジア就職をキャリア戦略の選択肢に加えていきたいと思った場合、さらなる情報収集が必要になります。ここでは、どのように情報収集を進めていけばよいかについて記載しておきたいと思います。

まず認識していただきたいのですが、本書のみの情報によってアジア就職を決断して実行するのは危険ですし、するべきではありません。なぜなら、本書を読むタイミング次第では、本書の情報は古くなっているかもしれませんし、紙面を考えるとすべての情報を盛り込むことはできていないためです。

また、私としては客観的な視点で本書を執筆したつもりですが、これはあくまで、私個人が情報を収集して抱いた意見を記載したものです。アジア就職すべきか否かに関わらず、あなたのキャリアを選ぶのはあなた自身であり、それに対して責任を取れるのは、あなたしかいません。ですから、自分が納得できるだけの情報をしっかり集めてください。

以下は、情報収集する際に参考にしていただける情報ソースです。

ただ、私が見る限り、アジア就職に関する情報は偏っている場合もありますので、ある程度、割り引いて考えてみる必要はあると思います。

【人に直接聞く】

現在、インターネット上には、海外在住者が現地の情報を発信しており、気楽に情報収集ができます。しかし直接、海外在住の本人、もしくは現地の日系人材紹介会社から話を聞くことが一番良い情報収集方法です。

【人材紹介会社】

アジア就職に強い人材紹介会社もありますし、各国にはそれぞれ日系人材紹介会社があります。そこに連絡を取り、現地の最新情報を聞くのはとても参考になります。

ただし、人材紹介会社とのお付き合いには注意も必要です。その点については、「第2章コラム　転職エージェントを利用するときの注意点」を参照してください。

オススメの人材紹介会社　JAC／リーラコーエン／インテリジェンス

【キャリアコンサルタント／キャリアカウンセラー】

アジア就職に強いキャリアコンサルタントやキャリアカウンセラーは、多くありませんが一定数います（私もその一人です）。彼らと連絡を取り、キャリアの相談に乗るのは非常に有用です。

ここで気をつけてほしいのは、あなたのキャリアの相談に真摯に乗ってくれて、第三者的な立場から意見を述べてくれる人を探すことです。無理にアジア就職を勧めてくる人には気を付けたほうが良いでしょう。

オススメのキャリアコンサルタント

ビヨンドザボーダー／GJJ海外就職デスク

【海外在住者】

友人・知人の中に検討中の国に在住者がいる場合、その人に話を聞くことができれば、現地の生の情報を知ることができます。

現在はブログやSNSが発達していますので、ブログなどをチェックして、現地の情報を発信している人に直接コンタクトを取ってみるのも良いでしょう。

また、Facebookでは、海外在住者がグループを作っていたりします。そういったコミュニティに参加して、いろいろと質問をさせてもらうのもとても良い方法です。

【書籍・インターネットなどを使い自分で調べる方法】

アジア就職の情報は人から直接入手するのがベストといっても、まわりに実際に海外在住者がいるとは限りませんし、自分で何も調べずに図々しく話を聞くのも良くないでしょう。ここでは自分で調べる代表的な方法について解説します。

【書籍・雑誌・メディア】

最近、アジア就職が注目されてきていることもあり、アジア就職に関する書籍やキャリア関係の雑誌などで特集が組まれるようになってきました。

これらの書籍の中にはアジア就職の良い部分のみにスポットを当てたものや、逆に失敗した人や負の部分のみにフォーカスした情報を提供しているものもあり、注意が必要です。しかし、書籍になっている時点でインターネットの情報よりも信頼性は高いと考えられます。

オススメの書籍・雑誌

『アジア転職読本』（森山たつを・著／翔泳社）

【インターネット】

インターネットの情報はタイムリーであり無料なのですが、かなり偏った情報も存在しているので注意が必要です。しかし、きちんとした情報を提供しているサイトはとても有用なので探してみてください。

良いサイトかどうかの判断基準は、「アジア就職の良い側面だけではなく、負の側面もきちんと言及したバランスの良い情報発信をしているか」です。

また、具体的な求人情報を多く掲載しているホームページもあります。仕事内容や給料などの情報も入手できますので参照ください。

オススメのＨＰ

BEYOND THE BORDER：http://kaigaisyusyoku.com/
もりぞお海外研究所：http://morizo.asia/
アブローダーズ：http://www.abroaders.jp/

リスクバカにならず、自分の心に従おう

自分なりにアジア就職について調べ、その将来性やメリット・デメリットをきちんと分析した上で、アジア就職をすべきかを判断してください。

私は、アジア就職はこれからの時代で取るべき一つの有力な選択肢であるとは考えていますが、すべての人がアジア就職をすべきであるとはまったく思いません。海外で働くということは、これまでとはまったく違う環境で仕事をし、生活をするということです。自分のことを誰も知らない異国の地で働くことは、並大抵のことではありません。覚悟を持って臨んでほしいと思います。ただ、そのような環境に身を置くことで成長することができますし、将来性もあります。

私は、ある程度調べたら、最終的には直感やご自分の心の声に従って決断すべきだと思います。ロジカルにのみ考えると、将来のリスクや不確定な要素にばかり目が行き、それを過大評価してしまい、現状維持を選択することになってしまうからです。

それであなたが納得するのであればよいのですが、もし自分を変えたいと思うのであれ

ば、最終的には、直感や心の声や流れに身を任せることも必要だと思います。

また、アジア就職を果たした人と話をしていて、思い描いた通り順調にキャリアを歩んでいる人にも多く出会いましたが、そうでない人にも多く出会いました。

その人たちの特徴は主に2つあります。

特徴1 自己分析をせず、将来のキャリアの青写真なしにアジア就職をしてしまう

特徴2 自分で調べなかったり、偏った情報に踊らされてアジア就職を決めてしまう

海外で働くことは楽しいですが、そこには苦労やストレスを感じるケースも多くあります。そんなとき、自分の将来のキャリアの方向性が定まっている人であればブレずに乗り越えることができます。

しかし、将来の展望が乏しい場合、目の前の苦労を乗り越えることができなかったり、漫然と時間を過ごしてしまい、気がつくと何も成長できていないということになりかねません。何も明確な目標を持つ必要はないと思いますが、アジア就職には苦労も伴いますので、自分のキャリアについて、大きな方向性や展望は持っておくべきだと思います。

また、アジア就職で一番多い失敗が「きちんと調べない」「偏った情報に踊らされて」就職をしてしまうことです。

人によっては、「就職を希望する国がどこにあるのか?」「人々はどんな言葉を話しているのか?」「宗教は何か?」という基本的な情報すら知らずに就職する国を決めてしまい、後から「こんなはずではなかった」と後悔する人もいます。

また、ネットや転職エージェントの、耳あたりの良い偏った情報を鵜呑みにしてしまい、アジア就職をしてから現実の厳しさに耐えられないということもあります。

まずは、自分で信頼性の高い複数の情報源に当たり、できれば現地の情報に詳しい人に相談してから、アジア就職についての意思決定をしてください。

【アジア就職のステップ2】国および都市の選択

失敗しないための「5つの基準」を知ろう

ここでは具体的に、どの国や都市をあなたのアジア就職の舞台として選ぶかを決めるステップになります。

このステップは本当に重要です。なぜなら、どこに就職するかによって、今後何年かのあなたの仕事内容や生活、付き合う人まで決定することになるだけではなく、その後のキャリアの方向性も決まってきてしまうからです。

このステップで検討するべき内容は数多くありますので詳細は第3章に譲り、ここではその概要について見ていきましょう。

国や都市を選ぶための「5つの基準」

多面的にアジア就職先の国および都市を検討することで、失敗しないキャリアを歩むことができます。選ぶ基準は5つあります。

基準1 アジア各国の位置関係および概要について理解する

まずは、どこの国がアジア就職のターゲットになり、それらの国の位置関係がどのようになっていて、移動にどの程度かかるかなどを把握します。

基準2 各国の経済状況の観点から検討する

ASEAN各国の経済状況や人口、人口ピラミッドを見ながら、どこの国があなたにとってアジア就職する際に有望な国になるかを見ていきます。

基準3 日本人の就職・転職状況の観点から検討する

ASEAN各国の日系進出企業の推移や求人内容の概要、さらには各国の給与水準や必要とされる英語力の観点から、あなたが挑戦すべき国について検討します。

基準4 生活環境の観点から検討する

「宗教」「言語」「都市化の状況」「物価水準」「交通状況」「住宅価格」「治安」「食事面」など、生活環境の観点からあなたにぴったりな国を見ていきます。

基準5 自分のキャリアの方向性から検討する

あなたの将来のキャリアビジョンから、アジア就職すべき国や都市を検討していきます。

候補の国や都市の「仮」決定は大事

次のステップは、実際に候補となる国・都市を「仮」決定する段階です。

ここで「仮」と記したのは、この段階で1カ国に絞る必要はありませんし、あえてそうするべきではないからです。具体的には、次のステップで候補国の就職に強い転職エージェントに連絡を取り、あなたの履歴書や職務経歴書（英文を含む）を提出したり、現地の求人情報を収集したりするのですが、できれば複数国の転職エージェントに問い合わせて、情報収集をしたほうが両国を比較できます。

また、将来ほかの国で働くことを検討する際にも、複数の国についてのイメージを持っていたほうが良いでしょう。最終的に就職先の国を決定するのは、「ステップ4　現地企業との電話面接と現地面談」の際になります。

この段階でのリスクと、その対処法は？

基本的には、先に述べたリスクと落とし穴と同様になります。

- **自己分析をせず、将来のキャリアの青写真なしにアジア就職をしてしまう**
- **自分できちんと調べなかったり、偏った情報に踊らされてアジア就職を決めてしまう**

このステップでは、多くても2～3カ国程度には国の絞り込みを行う必要があります。

ただ、整理された情報は、なかなか手に入りにくいと思います。

そのため、まずは本書の「第3章 転職先の国や都市、企業を選択する」と「第4章 アジアにおける日本人の就職状況を探る」およびダウンロード資料をご覧になっていただき、ご自分にあった候補の国を選定してください。

そして、その後でそれぞれの国に特化した現地の転職エージェントに問い合わせをしていただければと思います。

間違っても、十分に調べることなく、現地の転職エージェントに問い合わせをして、その言葉を鵜呑みにして就職先を決めることは避けてください。

転職エージェントは、上手にお付き合いをすると、とても有用な存在ですが、誤ったタイミングや良くないエージェントとお付き合いをすると、問題になるケースも少なくありません。

詳細は次ページの「ステップ3 転職エージェントへの登録と求人票の検討」「第2章コラム 転職エージェントを利用するときの注意点」をご覧になってください。

【アジア就職のステップ3】転職エージェントへの登録と求人票の検討

エージェントを味方にするために押さえておきたいこと

このステップでは、いよいよ候補国の現地転職エージェントに連絡を取り、あなたの個人情報を登録したり、履歴書や職務経歴書の提出や彼らとの面談、さらには提示された求人票の検討などを行っていきます。これらの流れは次のようになります。

手順1　複数の転職エージェントの選定と登録
手順2　履歴書および職務経歴書の作成と提出
手順3　転職エージェントとの折衝および面談
手順4　求人票の検討

どんな転職エージェントに登録すればよいか？

候補国をある程度絞ったら、各国の転職エージェントに登録をします。ここでどの転職エージェントを選ぶかは非常に大切な選択になります。今後の転職活動は、彼らと一緒に二人三脚で進めていくことになるからです。

具体的には、転職先の国の決定、転職企業の選定、履歴書や面接についてのフォロー、アジア就職の情報提供など、アジア就職をする際のかなりの部分でお世話になることになります。

ただ、最終的にどの転職エージェント決定の際には慎重になるべきですが、この登録の段階ではそこまで神経質になる必要はないでしょう。アジア就職に強い大手人材紹介会社に登録をしておいてください。

また、登録の際には、人材紹介会社によっては、詳細なあなたのキャリアの情報を登録する必要がある会社もあります。

人材紹介会社はこんなところをチェックしている

人材紹介会社に登録を済ませると、その国の求人情報を掲載したメールが送られてくることになります。

また、電話や対面での面談をオファーされたり、履歴書および職務経歴書の提出を求められたりするようになります。この時点では、英文の資料ではなく、日本語の書類提出のみを求められるケースが少なくありません。

ただ注意していただきたいのは、提出する書類はきちんとした内容と体裁で記載すべきであるということです。人材紹介会社の担当者からの情報ですと、ここをおざなりにしている方が多いと伺いました。

もし、あまりにぞんざいな内容の書類を提出してしまった場合、転職エージェント側で、そのような転職希望者はクライアントである企業に紹介するべきではない、と判断されてしまいかねません。十分な内容と体裁が整った、履歴書および職務経歴書の作成と提出が求められます。

エージェントとの面接で必ず聞かれる「3つの質問」

履歴書および職務経歴書の作成、提出と前後して、対面もしくはSkypeなどによる転職エージェントとの折衝および面談へと進んでいきます。

その際に注意しなくてはならないのは、この面談は転職企業との面談ではないものの、そのつもりで臨む必要があるということです。転職エージェントの担当者は、あなたをクライアントである企業に紹介できる人材であるか、という視点であなたを見ています。

いわば、「あなた＝商品」として品定めをされているという認識で臨んでください。そこで、次に挙げる「面接で必ず聞かれる3つの質問」には答えられるようにしてください。

［面接で必ず聞かれる3つの質問］

- あなたがこれまでのキャリアでやってきたことは？
- なぜ海外で働きたいと思ったのか？
- 今後、あなたはどのようなキャリアを歩んでいきたいのか？

求人票は最低限「この3つ」をチェックする

転職エージェントへ履歴書を提出した前後から、彼らから求人情報について情報提供が始まります。転職エージェントによっては、メールマガジンに登録されて、求人情報を送ってくる場合もありますが、個別に求人案件を提示してくれる場合がほとんどです。場合によっては、最初の転職面談の段階でいくつかの求人案件を提示する転職エージェントもあるでしょう。求人票の内容は、次のようなものです。

［求人票の内容］

- 会社概要（会社名、業種、資本金、従業員数、所在地、事業内容など）
- 求人内容（募集職種、雇用形態、職務内容、必要経験、スキルなど）
- 待遇（給与形態、給与額、諸手当、勤務時間、休日、勤務地など）
- その他事項（試用期間の有無、補足情報など）

求人票をチェックする際には、以下の点についてチェックをしてください。

［求人票内容のチェック項目］

- **事業内容、業務内容**
- **募集理由（事業拡大のため、欠員が出たなど）**
- **待遇（家賃・交通費などの手当、社会保険など）**

特に、その国で現在伸びている事業であるか？　募集理由が事業拡大であるか？　などは、求人票の記載からある程度推測することもできます。

例えば、新規事業の事務所新設や新工場の立ち上げのためなどの理由で企業が募集をしている場合、業務内容も多岐に渡ると考えられますし、より多くのことを学ぶチャンスであると考えられます。

これらの情報については、転職エージェント側が、より詳細な情報を持っている場合が多いので、彼らに直接聞いてみるのも良いでしょう。

目先の損得より長期の視点を持って臨もう

「企業名や待遇などにこだわってしまい、本来考えるべき視点を欠いた状態で企業選定をしてしまう」
「転職エージェントとのやりとりをおざなりにしてしまい、次のステップに進めない」
「悪質な転職エージェントとやりとりをしてしまい、良い求人情報をもらえない」

このように、アジア就職をする目的を明確にしていたとしても、いざ求人票を見る段階になると、その企業名や待遇といった項目に目がいってしまうことも多々あります。

もちろん、これらの項目も非常に重要な項目ではありますが、**特に最初のアジア就職に挑戦する段階は、企業名や待遇といった直接的、短期的な視点よりも、もっと長期的な視点を持って企業を選定することをお勧めします。**

具体的には「どのような業務を担当することができ、それがいかに自己の成長につながっているか」など、あなたのキャリアにとって本質的な視点を持って、企業を選定したほうが、結果的にはうまくいくことが多いようです。

最初のアジア就職の時点では、語学力も海外経験もまだまだこれからという段階の人が多いでしょう。あなたのキャリアは、10年後も20年後も続いていきます。ぜひ、長期的な視点を持って、企業や仕事内容を選定してください。


また、転職エージェントとのやりとりをおざなりにしてしまい、企業を紹介してもらえないという方もいらっしゃいます。第2章のコラムでも記載していますが、転職エージェントのクライアントは求人募集をしている企業であり、あなたではありません。

転職エージェントの仕事は企業のエージェントとして、企業に役に立つ人材を集めることです。その人材募集と人材紹介をすることで初めて、その報酬として企業から転職エージェントに紹介フィーが支払われます。

そのため、彼らから見て、あなたが紹介に足る人材でないと、あなたのことを企業に紹介することはないでしょう。

不適当な人を企業に紹介した場合、企業から転職エージェントにクレームとなってしまうからです。転職エージェントに対しても、自分の意見をしっかりと伝え、社会人として当然のマナーで接するようにしてください。

さらに残念なことに、転職エージェントの中には、企業側の利益を重視するあまり、求職者側から見てあまり相応しくない会社があることも事実としてあります。

残念ながら、私が多くのエージェントと接する中で、そのような人がいました。そのようなエージェントに当たってしまった場合、あなたに相応しくない企業を紹介され、入社を勧められたり、十分なサービスを得られなかったりする場合もあるので注意が必要です。

【アジア就職のステップ4】現地企業との電話面接と現地面談

英語での電話面接に備えつつコミュニケーション能力を磨こう

求人票から気になる企業を選び、先方の企業もあなたを採用することに前向きであった場合、いよいよ募集企業による直接の面談に入ります。

アジア就職の場合は採用担当者が海外にいるため、通常はまずSkypeなどを用いて遠隔による面談（電話面談）を行うことが通常です。その電話面談で、企業がさらにあなたの採用に前向きになった場合、現地での最終面談を打診されることになります。

ここまで来るといよいよアジア就職の実現も目の前です。

ここでは順を追って、現地企業との電話面談から現地での最終面談について話を進めて行きましょう。

最終的には「あなたと一緒に働きたいか」

求人票から希望する会社を選び、その会社もあなたの採用に前向きであった場合、転職エージェントを通してSkypeなどによる電話面談を打診されることになります。

この際、先にも紹介した転職エージェントから必ず聞かれる3つの質問があります。

- **あなたがこれまでのキャリアでやってきたことは？**
- **なぜ海外で働きたいと思ったのか？**
- **今後、あなたはどのようなキャリアを歩んでいきたいのか？**

この質問に加えて、先方の企業から聞かれることは、次の2つです。

- **どうして、この企業を選んだのか？**
- **より詳細な経歴や業務内容など実務的な内容は？**

彼らは即戦力としての人材を求めている一方で、あなたの熱意ややる気をとても重要視しています。

多くの場合、面接担当者はあなたの直属の上司になる人が担当することになります。彼らは、あなたの経歴やスキル以上に、あなたの人間としての人柄や魅力、現地で働くことへの覚悟を見ています。

要は「あなたと一緒に仕事をしていきたいか？」を見られていると考えてください。

さらに、多くの採用担当者とお会いした中で、彼らの最重要視する項目として「コミュニケーション能力」を挙げていました。こういった項目も、あなたとの何気ない雑談の中で判断されていることは意識しておいてください。

あらかじめ企業への質問を準備しておこう

面談においては、先方からの質問に受け答えするだけではなく、こちらからも積極的に質問をして、企業の情報や業務内容や待遇についての情報を入手していく必要があります。

また、このように積極的なコミュニケーションを取ることは、先方から見て良い印象を持たれても、悪い印象を持たれることはないでしょう。

もちろん、待遇面ばかりを質問するのは良くありませんが、勤務時間や給与、休日や残業、その他の諸手当については、職場を選定するにあたり、非常に重要な要素です。企業情報や業務内容の質問をした後に、それとなく聞いておくと良いでしょう。

もし質問しにくいことがあれば、後から転職エージェントを通して企業に対して聞いてもらうことも可能です。そのため、待遇などについて無理に詳細な質問をする必要はありません。

英語での面接はあるが対策は打てる

就職する国、担当する職種によりますが、簡単な英語での面接を行う場合が少なくありません。

先方の企業は提出済みの履歴書にＴＯＥＩＣなどの点数が記載されているため、ある程度の英語力は把握しているものの、やはり重要なのはペーパーテストの点数ではなく、実際の英語によるコミュニケーション能力になります。

しかし、英語だからといって、そこまで構える必要もありません。国や企業にもよりますが、多くの場合、英語による簡単な受け答えを、つかえながらも答えることができればOKな場合が多いようです（外資系企業への転職は除く）。

上司となる人も、日本人だったり、それほど英語が得意ではないケースも多いですし、流暢な英語で即答できなくても大丈夫なケースがほとんどです。

また、この面接で聞かれる内容はある程度予想できるので、きちんと対策を練ることも可能です。ある程度の訓練は必要になりますが、何とか乗り越えましょう。

では、「英語面接の対策」は何がよいか？

アジア就職をするにあたってある程度の英語力は必要になります。

ただ、そこまで高い英語力は必要なく、中学レベルの英語をある程度自由に使いこなせて、基本的な英単語を覚えておけば十分な場合が多いです。

しかし、たとえ英語での読み書きができたとしても、口頭でのコミュニケーションができないと面接の際に苦労することになるでしょう。その練習に最適な方法はフィリピン・

オンライン英会話スクールで面接対策を行うことです。

昨今はSkypeによる1レッスン（25分）１００円程度で英会話レッスンを提供している英会話スクールもあります。そのようなスクールを利用して、ぜひ一度レッスンを受けてみてください。

［オススメの格安フィリピン英会話スクール（オンライン）］
・レアジョブ
・ＤＭＭ英会話

現地での最終面談は連休を利用して5社を目安に

転職先企業との電話面談を行い、先方もあなたの採用に前向きの場合、転職エージェントを通して現地での最終面談を打診されることになります。

この時点で企業側はあなたの採用にかなり前向きです。改めて海外でキャリアを築くことを考えて、もしその答えが「Ｙｅｓ！」であるならば前に進みましょう。

その場合、できれば現地に入り、**1週間ほどかけて5社程度の企業との面接を受けること**が得策です。

1社のみの面接であれば、仮にその1社が不採用だった場合、現地まで赴いた労力とお金が無駄になってしまいます。

ただそれほど長い期間、仕事を休むことが難しい場合は、日本の3連休に合わせて、さらに1日休日を取り、4日ほど時間を作って現地に向かうことをオススメします（木曜日〜日曜日など）。

平日に面接を入れて、週末は現地での生活のリサーチに充てましょう。

現地での最終面談では、これまで聞かれたこと以上に、特別な質問がされることはあまりありません。改めてこれまでの経歴や職務履歴、アジア就職や当該企業の就職を希望する理由や熱意や人柄、コミュニケーション能力を見られます。

また、面談の際にはきちんとした服装（スーツに清潔な身だしなみ）で臨みましょう。

面接の結果は、早い場合で翌日、日本の本社側に決済権がある場合、1週間程度かかる場合もありますが、そんなに時間はかかりません。

おごらず、積極的に、アピールしよう

企業への面接や面談の際には、社会人としてのマナーを持って振る舞いましょう。

人によっては、自分が企業側から選んでもらう立場であることを忘れて面接に臨んでしまうこともあるとのことです。就職する国が新興国であるため、上から目線になってしまう就職希望者もいるようです。

しかし、面接は、あくまであなたが企業の採用担当者へアピールする場です。受身的なやりとりだけではなく、積極的に、こちらからも会社や仕事内容について質問をして、コミュニケーションを図りましょう。

きちんと礼儀を持って接していれば、多少突っ込んだ質問をしても問題はありません。採用する側としては、あなたが唯一の採用候補者ではありません。ここで遠慮をしてしまうと、ほかの採用候補者にその席は奪われてしまいます。

ぜひ、自分は選んでもらう立場であることを再度認識した上で、面接に臨みましょう。

また、現地に訪問した際は、現地の生活の状況についてリサーチを行う必要があります。ここをおざなりにして、何となく就職先を選んでしまった結果、食事が合わなかったり、治安が悪い地域で就職をしてしまったり、病院や日本食レストランが近くになかったりして不便な生活を強いられることもあり得ます。

結果的にストレスを抱えることになってしまい、アジア就職そのものが失敗に終わってしまうケースも懸念されます。ぜひ、現地を訪問した際には、きちんと会社や自分が住むことになる地域のリサーチを行うようにしてください。

現地でリサーチしておきたい7項目

最終面接のため、現地に行ったときには、必ず現地の生活状況についてチェックするようにしてください。

リサーチ方法としては、街を歩きながら、自分の目で確認することが一番です。

また、これまで連絡を取ってきた転職エージェントに直接会って話を聞いたり、現地の日本語のフリーペーパーを入手してそれを読んだり（日本食レストランなどで入手可能）、現地の不動産屋に赴いて、彼らから情報を取ると良いでしょう。
具体的なチェック項目は下記になります。

1. 宗教
2. 言語（英語の適用度）
3. 都市化の状況
4. 物価
5. 住宅の状況や教育
6. 交通の状況
7. 日本食レストランや日本食材の入手

詳しくは、第3章で解説していますので参考にしてください。

【アジア就職のステップ5】現地での仕事をスタートさせる

企業から内定をもらったら心得ておくべきこと

無事、希望した企業から内定が出た場合、いよいよアジア就職を実行に移すことになります。内定が出た後、会社側と話し合いを行い、入社日を決めます。

実際に入国する日は、余裕を持って、入社日から1週間前程度にすると良いでしょう。どんなに短くとも3日程度は欲しいところです。

なぜなら、この間に住む場所を決めるなど、生活の基盤を整えておく必要があるからです。

このステップでは、その際の留意事項について解説をしていきます。

「安全はお金で買う」意識で住居を決める

アジア就職をして、生活スタートさせるときにまずやることは、住む場所を決めることです。その際に頼りになるのが、現地の日本人が経営している不動産屋です。まだ現地のことがわからないため、彼らに相談して最初の住居を決めるのが良いでしょう。

その際には転職エージェントや会社の人に、オススメの不動産屋を聞いて、信用できる不動産屋を見つけましょう。

またインターネットで検索すると、多くの現地日本人資本の不動産屋を見つけることができます。彼らはビジネスとして不動産業を営んでいますが、同時に現地に住む生活者でもあります。住むのに便利で治安が良い場所の情報を持っているので、ぜひ相談してみると良いでしょう。

なかにはインターネット回線の引き方や携帯電話の契約の仕方などの相談に乗ってくれる人もいます。

また、住居を決める際に留意しておいていただきたいことは、「安全はお金で買う」という意識です。日本は、世界で一番治安が良い国の一つです。そのため、どの国で就職するにあたっても、シンガポールを除いて、日本よりも治安が良い地域は「ない」と思ったほうが無難でしょう。

住居費にかける予算ですが、大雑把に考えて給料の3分の1から4分の1が一つの目安だと言われています。

その金額を目安に、不動産屋の担当者、会社の上司や転職エージェントに相場を聞きながら良い住居を探してください。

仕事をスタートさせる際の2つの注意点

内定をもらい、ビザや労働許可証の手続きを行ったら、いよいよ入社日から仕事をスタートさせることになりますが、次の2つに注意して臨むようにしてください。

注意点1 現地採用としての役割を理解する

注意点2 現地の文化や仕事観の違いに留意する

ここでは、海外で仕事を始める際の留意点について解説していきます。

注意点1　現地採用としての役割を理解する

現地採用の日本人として仕事をスタートするに当たり、会社から求められる役割について、まずは理解をしておいたほうが良いでしょう。

現地企業からすると、現地人スタッフの数倍の給料を支払い、日本人であるあなたを雇っていることになります。そのため、現地採用の日本人スタッフには、現地人スタッフにできない、次のような役割があることを認識しておいてください。

- **現地取引先の日本企業への営業や調整役**
- **現地人スタッフと本社もしくは現地駐在日本人スタッフの橋渡し役**

「現地取引先の日本企業への営業や調整役」は、現地人スタッフでは日本語の面、ビジネスマナーなどの面でこなすことができません。

やはり現地の日本企業は、日本人による日本並みのサービスの品質を求める傾向にあり、その業務を行うために、現地採用の日本人スタッフが求められることになります。

また、「現地人スタッフと本社もしくは現地駐在日本人スタッフの橋渡し役」として、現地人スタッフと、本社や駐在スタッフの調整役として仕事を進めていくことも求められます。例えば、日本の本社からの意向を受けて、実際に現地人スタッフをマネジメントしながら業務を行ったり、納期や品質の管理をすることになります。

いずれの業務も、日本人でないと行うことが難しい業務です。このような役割を求められて、現地採用日本人スタッフとして仕事をしている、ということを認識して仕事をスタートさせたほうが良いでしょう。

注意点2　現地の文化や仕事観の違いに留意する

現地で仕事をしていると、日本と異なる文化や考え方に戸惑うことがあります。

例えば、日本では、ある業務が与えられた場合、納期やある程度の仕事のレベルを守ることが当然だという考え方や、勤務時間中は仕事に集中することが当たり前、という考え方が浸透しています。

また、きちんと時間を守って出勤したり、仕事を個人的な理由で休まないなど、日本人としての社会人マナーをきちんと守ることが暗黙の了解となっています。

しかし、海外で働くとこのような常識が成り立たないことも多々あります。国や職場によっては、現地人スタッフは納期を守るという意識が希薄であったり、たとえ仕事が残っていても、業務時間が終われば当然のように帰社してしまうこともあるでしょう。出勤時間に出社することができない現地人スタッフが多かったり、忙しくても仕事を休むスタッフが多い職場もあることでしょう。

このような状況は、企業側の現地人スタッフの管理が行き届いていないという側面もありますが、そもそも仕事に関する考え方が日本と異なっていたり、仕事よりも家族や友人を大切にする文化が存在するなどの理由もあります。

まずは、そのような違いがあるということを認識して、仕事に取り組むことが求められます。

現地採用の日本人スタッフとして、現地人スタッフと一緒に仕事をしていく上で、彼らをマネジメントしていくことにストレスを感じることも多くあると思います。

この理由は先ほど述べた通り、現地人スタッフと日本人では言葉も違えば、文化も仕事に関する考え方も大きく異なるからです。そのため、「郷に入れば郷に従え」的な考え方で、フレキシブルに対応して仕事をしていく必要があります。

もちろん、ビジネスには顧客がいるので、きちんとした対応を取ることは大切です。しかし、あまりにも神経質になりすぎたり、管理しようとし過ぎると、かえって現地人スタッフとの間で溝ができてしまいかねません。現地人スタッフと、上手にコミュニケーションを取りながら仕事を進めていきましょう。

海外での仕事のやり方には、慣れやコツがあります。先輩の日本人スタッフに教えてもらいながら、徐々に仕事に慣れていくことが大切です。

海を渡った「初心忘れるべからず」

あなたは、なぜ海外で働こうと考えたのでしょうか？

あなたが、海外で働こうと思った理由は何でしょうか？

人によっては、自分の成長のためであったり、海外でのビジネスに夢やロマンを感じたのかもしれません。

また、右肩下がりになりつつある日本の将来に期待できず、国に頼らずに生きていくために、海を渡ろうと思った人もいるかと思います。

その理由が何であれ、どうかその想いを忘れずに持ち続けてほしいと思います。

海外で仕事をしていると、楽しいことや刺激的なことも多いのですが、一方で辛い思いをしたり、苦労をされることもあります。そういう状況の中で仕事をしていると、日常に流されてしまい、本来、海外で仕事をしている理由を忘れてしまいがちです。

これからの時代の経済環境を考えた場合、アジアマーケットは成長をしていますし、今後も間違いなく伸びていきます。そして、そのアジアで仕事をしてきたキャリアを持つ人材の需要は、今後さらに伸びていくでしょう。

だから海外で働くことを決めた人の未来は、とても明るいと私は思います。

アジアで仕事をすることを選んだ人にとって、5年後10年後は、今よりも選ぶことができる選択肢はより広く、魅力的なものになっているはずです。どうか、最初に心に描いた海外で働く理由を忘れずに、自分らしいキャリアを歩んでください。

アジアでの生活、仕事面でのリスクは何か？

海外で生活するにあたって、住居は非常に重要な要素です。なぜなら、それにより、食事、治安、交通の利便性、付き合う人も異なってきますし、住居費は生活費のかなりの部分を占める項目だからです。

ですから慎重に検討すべきですが、入国日から入社日の非常に限られた日数の中で決める必要があります。そのため、転職エージェントや会社の同僚に聞いたりして、あらかじめ良い場所の当たりをつけておくと良いでしょう。

あまりに節約しすぎて、不便で治安が悪く、会社までの通勤も時間がかかる場所に住居を構えてしまい、後悔することもあれば、逆に高級すぎるコンドミニアムを借りてしまい、生活が成り立たなくなってしまう例もあるようです。

ただ、生活に慣れてくると、仲の良い現地スタッフから個人的に良い物件を紹介してもらえることもありますし、自分でインターネットを使って良い物件を探すこともできるようになります。

最初は少し値が張っても、安心して住めるところを借りて、慣れてきたところで、地元の情報網を駆使して、コストパフォーマンスの良い物件に引越しをすることをおすすめします。

また、海外で仕事を進めていく中で、現地人スタッフと十分にコミュニケーションを取り、効率的に業務をこなしていく必要があります。

もし、コミュニケーションが不十分であると、必要な情報が取れずに思わぬアクシデントに巻き込まれたり、職場の人間関係に悩むことになりかねません。

最後に一つ大事なことを付け加えておくと、**アジアにおいては、人前で部下である現地人スタッフを怒ることはＮＧ**です。彼らはとてもプライドが高いため、そのような対応をとった場合、復讐されかねないので注意が必要です。

仕事と生活に余裕ができてきたら、英語以外にも現地の人の言葉を勉強するなどして、彼らとの距離を縮めていくことはとても楽しいですし、必要なことでもあります。

Column 2

転職エージェントを利用するときの注意点

▼複数の転職エージェントに登録を

このコラムでは、アジア就職において、就職先企業を決める際に大きな力になってくれる転職エージェントに関する、基本的な考え方と上手に彼らを利用する方法についてご説明します。

通常、就職する国や都市を決めた後（候補2〜3国に絞った段階でもOKです）に現地の日系転職エージェントに連絡を取り、登録することになります。転職エージェントによって持っている求人情報は異なるため、1カ国につき複数の転職エージェントに登録することをお勧めします。

彼らは、ビジネスとして求人紹介をしています。もちろん、彼らの多くは良心と誇りを持って仕事をしていますが、あくまで「ビジネス」としてあなたと接していることは心得ておいたほうが良いでしょう。過度に頼りすぎず、過度に警戒しすぎないことです。

転職エージェントに登録する前に、彼らに関する基本的な考え方を3つご紹介します。

❶転職エージェントのクライアントはあなたではない
❷各国の転職エージェントは、他国についての知識をあまり持っていない
❸あなたに合わないエージェントや悪質なエージェントも存在する

❶転職エージェントのクライアントはあなたではない

転職エージェントは、人材が欲しい企業に対して、転職を希望する人を紹介します。そして採用に至った場合にのみ、あなたという人材を手に入れた企業は手数料を転職エージェントに対して支払います。

あくまで採用に至った場合のみ、転職エージェントは報酬を得ることができるのです。転職エージェントに対して、お金を払っているのはあくまで企業であって、転職希望者ではありません。転職エージェントの顧客（クライアント）は企業であって、あなたではな

いことをよく認識しておいてください。

そのため、企業と転職希望者の間で利益の衝突が起こった場合、転職エージェントはクライアントである企業の利益を優先することは多々あります。

実際、そのようなケースをいくつも見てきました。

もちろん、多くの転職エージェントは良識があり、真面目に仕事をされています。ただ一方で、彼らは達成すべき営業成績やノルマがあるビジネスマンであるという点も忘れないでおいてください。その上で上手に彼らを使って転職活動を進めていきましょう。

❷各国の転職エージェントは、他国についての知識をあまり持っていない

私はこれまで、多くのアジア就職をされた方とお話をする機会を得てきましたが、時々どうしてこの人はこの国にいるのか？　と思ってしまうことがありました。

お話を聞いてみると、どうしてもこの国でなければいけない理由もないですし、むしろ、この方の経歴と今後の将来のビジョンを考えると、別の国で活躍されたほうが良いのでは？　と思ってしまいました。

たとえば、ベトナムで会った方ですと、当初、シンガポールでの就職を希望したものの、

最初にお願いした転職エージェントでは、たまたま転職先を見つけることができずに、ベトナムでの就職を勧められたと伺いました。

それで勧められた、同じグループ内のベトナムの転職エージェントに連絡を取ったところ、今の会社に入社することになりました。彼はアメリカの大学院でマーケティングの学位を取得していますし、将来はデザイン関係で起業したいとのことでした。

ベトナムの転職エージェントに相談した場合、当然ながらほぼ100％の確率でベトナムの企業を紹介されます。たとえ、就職希望者の将来のビジョンと適合していなかったとしても。

「❶転職エージェントのクライアントはあなたではない」でも述べました通り、転職エージェントにとっての収入は人材紹介先の企業からの紹介手数料になります。

そのため、企業のニーズや転職エージェントの利益を優先させて、たとえベトナムでの就職が転職希望者に合っていなくてもベトナムの会社を紹介するケースが多いでしょう。

また、そもそもベトナムの転職エージェントはベトナムの労働市場のプロであって、他国については知らないか、知っていたとしてもあまり詳しくはありません。他国については、紹介できるような求人案件を持ち合わせていないでしょう。

もしあなたが、まだどこの国や地域で就職するのか決まっていないのであるならば、各国のエージェントに相談するのは時期尚早であるかもしれません。各国の転職エージェントはその国のプロフェッショナルであって、他国についての知識はあまりないことについてもよく認識しておいてください。

❸あなたに合わないエージェントや悪質なエージェントも存在する

私は、これまでアジア各国の30社以上の転職エージェントを回り、お話を伺ってきましたが、お話を伺った転職エージェントの中にもさまざまな方がいらっしゃいました。

もちろん多くのエージェントは、真面目で誇りを持って仕事をされていましたが、なかにはちょっとどうなのかな、と思ってしまう方も残念ながらいらっしゃいました。

基本的なビジネスマナーができていなかったり、横柄な態度を取られる方もいました。就職希望者の方に対して、高圧的で見下すような態度を取る方もいらっしゃるようです。

また、企業側ばかりを見て、就職希望者を商品のように言う方も散見されました。さらに専門であるその国の経済や企業について、基本的な知識も持たずに転職エージェントの仕事をしている方もいらっしゃいます。

そのため、もしあなたが実際に海外で就職活動をする場合は、必ず複数のエージェントに登録して、お話をすることをオススメします。お互い人間ですので相性の問題もありますし、そもそも悪質な転職エージェントも存在します。

転職エージェント選びは、あなたのキャリア人生を左右しかねないほどの影響があります。自分に合った人を慎重に選びたいものですね。

▼転職エージェントを選ぶ際の留意点

次に、エージェントを選ぶ際の留意点をまとめてみました。転職エージェント選びは、あなたのキャリア人生そのものに影響を与えるくらい重要です。

少なくとも次のような点を考慮して転職エージェントを選んでください。

❶あなたの側に立ち、アジア全域の就職事情を熟知したアドバイザーと連絡を取る
❷複数のエージェントに登録して相性が合ったエージェントで転職活動を進める
❸求人情報だけではなく、現地の生活などの相談にも乗ってくれるエージェントを探す

❶あなたの側に立ち、アジア全域の就職事情を熟知したアドバイザーと連絡を取る

あなたが特定の国（例えばベトナム）の就職を決意している場合、その国の転職エージェントに直接連絡を取れば良いでしょう。しかし、海外就職をすることのみを決めており、どの国が自分にとってベストであるかを思い悩んでいるとしたら、アジア全域の就職状況を熟知したアドバイザーに連絡を取ることをおすすめします。

もしくは各国に支社を展開する、大手のエージェントのジャパニーズデスクなども良いかもしれません。各国の転職エージェントに直接連絡を取った場合、その国での就職を促されることになるでしょう。

❷複数のエージェントに登録して相性が合ったエージェントで転職活動を進める

どの国で自分が働くかを決めた場合、現地の転職エージェントに連絡を取ることになり

ます。その場合は、必ず複数のエージェントに登録をするようにしてください。

エージェントごとに強い業界があったり、手持ちの求人情報が異なったりします。また、あなたを担当するエージェントとの相性も、とても大事です。失礼な人や高圧的な態度を取るエージェントと付き合う必要はありません。

それは、あなたを大切に扱ってくれていないことの証拠です。あなたのことを考えて厳しいことを言ってくれる人もいますが、そうであるかどうかは実際に話をすることで、ご自身で判断することはできるでしょう。

❸求人情報だけではなく、現地の生活などの相談にも乗ってくれるエージェントを探す

就職先から内定をもらった後は、住む場所や生活に最低限必要な準備をしてから現地での仕事や生活をスタートさせることになります。

その際、アフターフォローとして現地の生活についても相談に乗ってくれるエージェントであると安心です。これについては予め相談に乗ってほしい旨を伝えておいたり、雑談の中で現地の情報をそれとなく聞いて、担当者が詳しい情報を持っているか、親切に対応してくれるかを確認しておいたほうが良いでしょう。

第3章

転職先の国や都市、企業を選択する

国や都市を選ぶ4つの基準

まずは、第2章「アジア就職のための5ステップを知る」で述べた手順をおさらいしておきましょう。

［アジア就職のための5ステップ］

ステップ1　自己分析と海外就職をすべきかの選択
ステップ2　国および都市の選択
ステップ3　転職エージェントへの登録、求人票の検討
ステップ4　現地企業との電話面談と現地面談
ステップ5　現地での仕事をスタートさせる

ここでは、このステップの中で特に重要で詳細な検討が必要な「ステップ2　国および

都市の選択」を取り上げて説明をしていきます。

なお、この章では「国および都市の選択」する際の基準や各国の比較情報などの概要をご説明することとし、国別の詳細な情報については、第4章「アジアにおける日本人の就職状況を探る――シンガポール編」およびダウンロード資料で詳しく説明をしていきます。

その前にアジア各国の位置関係と概要を理解しよう

まずはアジア就職のターゲットとなるアジア諸国の地図上の位置関係を把握しておきましょう。

この位置関係はとても重要です。なぜなら日本との位置関係を把握しておけば、日本から現地へ移動する際の移動時間や運賃などについても大体把握できるからです。

例えば、東京からマニラまでの移動時間は約4時間～4時間半になります。またインドネシアのジャカルタまでは約7時間半～8時間前後となっています。地図で見ると大体の移動時間を予想できるでしょう。

また、気候や民族構成、言語についても強い影響がありますし、発達している産業にも

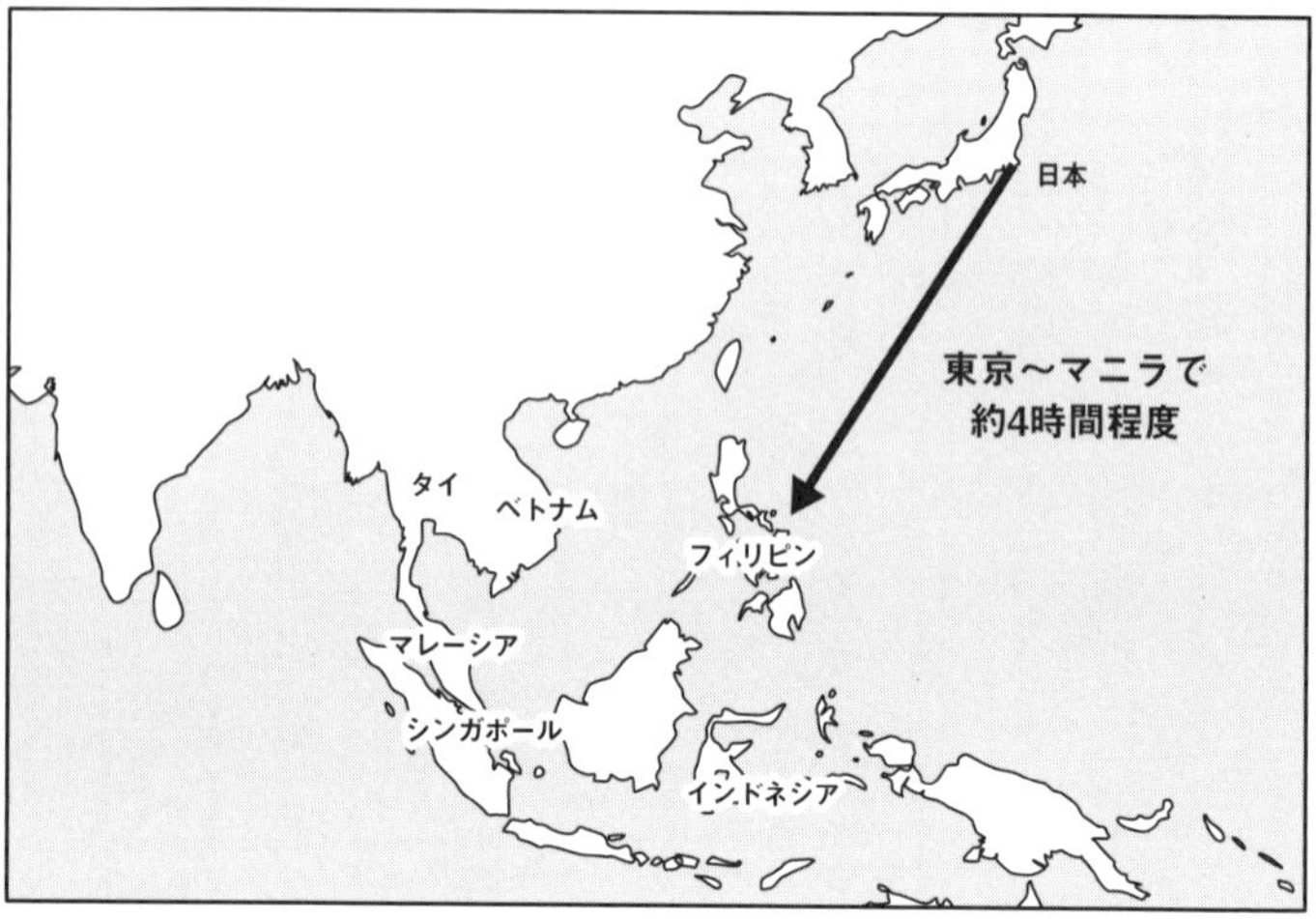

影響があります。
例えば、タイ、ベトナム、マレーシアは元々、日系企業の製造業の進出によって発展を遂げてきましたが、現在は、中国と比較的近く陸続きであることから、製品の輸出先が中国へとシフトしています。

さらにＡＳＥＡＮ諸国を貫く南北回廊や東西回廊の高速道路ができたことにより、ＡＳＥＡＮ域内の製造業の国際分業体制も確立されつつあります。
一方、日本と同様７０００以上の島々で構成されるフィリピンは、キリスト教国であり、英語が公用語であるため国民の多くが英語を話します。製造業についてはイン

アジア各国の基本情報

国名	首都	政治体制	多数派民族	多数派宗教	公用語
インドネシア共和国	ジャカルタ	大統領制・共和制	マレー系	イスラム教	インドネシア語
マレーシア	クアラルンプール	立憲君主制	マレー系	イスラム教	マレー語
フィリピン共和国	マニラ	立憲君主制	マレー系	キリスト教（カトリック）	フィリピノ語・英語
シンガポール共和国	シンガポール	立憲君主制	中華系	仏教、イスラム教、キリスト教、中華系道教、ヒンズー教	英語・中国語・マレー語・タミール語
タイ王国	バンコク	立憲君主制	タイ系	仏教	タイ語
ベトナム社会主義共和国	ハノイ	社会主義共和国	キン系	仏教、キリスト教（カトリック）、カオダイ教	ベトナム語

出所：外務省

フラの整備状況、政情不安により出遅れたものの、現在では世界中の英語圏のコールセンターが集積するようになり、インドを抜いて世界一のコールセンターの集積地までに発展しました。

各国の詳細については第4章を参照していただければと思いますが、各国の首都や民族構成、宗教や言語などの基本情報は表のようになります。

国や都市を選ぶための基準を明確にする

アジア就職・転職をすると決意した後、まずしなくてはならないのは、どこの国・

都市に就職・転職をするかについての検討です。

この選択は、つまりどの国に生活の基盤を置いて生活をするのか。また、その後のキャリアの方向性を決める上でも、とても重要になってきます。

そのため、その国の概要や経済状況や日本人の就職・転職の状況に加え、住居・交通・食べ物・物価・治安といった生活環境についても、詳しく調べて検討する必要があります。

選択するための基準は次の4つです。


［アジア就職をする国および都市を選ぶための4つの基準］

- **各国の経済状況の観点から検討する**
- **日本人の就職・転職状況の観点から検討する**
- **生活環境の観点から検討する**
- **自分のキャリアの方向性から検討する**

本章では、次の視点から、どのポイントから国・都市を選べば良いかについて、大雑把ではありますがご紹介します。一つひとつの基準を見ていきましょう。

ASEAN諸国の人口・1人当たりGDP（2014年）

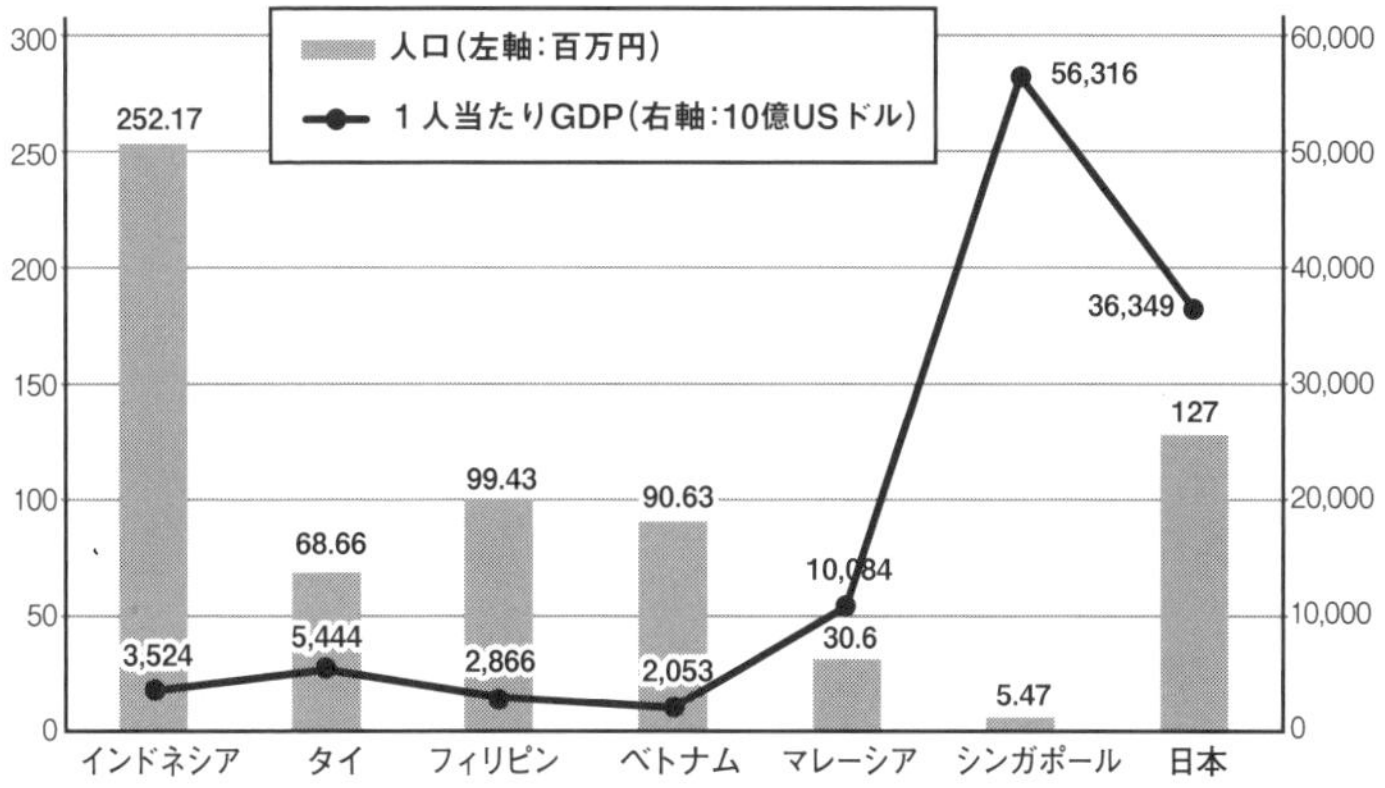

IMFデータより

各国の経済状況の観点から検討する

ＡＳＥＡＮ諸国の、各国の人口および一人当たりＧＤＰ（経済力を示す指標）を掲載します。これを見ていただくと、インドネシアが２億５千万人を超える人口を有し、フィリピンとベトナムは１億人前後の人口を有しています。

一方で、一人当たりＧＤＰ（経済力を示す指標）を見るとＡＳＥＡＮ諸国ではシンガポールが飛び抜けており、日本人一人当たりのＧＤＰを大きく上回っています。

これは平均的に見るとシンガポール人の

ほうが日本人よりお金持ちであるということを意味します。

また、マレーシアの一人当たりGDPは1万ドルを超えており、先進国入りに最低限必要とされる1万ドルを既に超えています。

さらにタイの一人当たりGDPは約5500ドルと続き、その他のASEAN諸国の一人当たりGDPは日本の10分の1から20分の1となっています。一人当たりGDPの値はその国内の購買力を考える上で、とても重要な値です。流通する製品やサービス、物価水準にも大きく影響を与えますので、注目しておいたほうが良いでしょう。

次に、ASEAN諸国の2014年と2007年の7年間のGDPの比較を掲載します。

ご覧になっていただくとわかるように、**各国とも順調にGDPを伸ばしており、特にマレーシア、フィリピン、インドネシアは、100%近い伸び率になっています。**

また、一人当たりGDPで、既に日本を大きく超えているシンガポールも大きくGDPを伸ばしています。

次は日本を含むアジアの大国と呼ばれる中国、韓国、日本、インドの2014年と2007年の7年間のGDPの比較の表です。こちらを見ていただくと、日本はほとんど伸びておらず、長期的な停滞に入ってしまっていることもよくわかると思います。

ASEAN諸国のGDP伸張比較（2014年と2007年との比較）

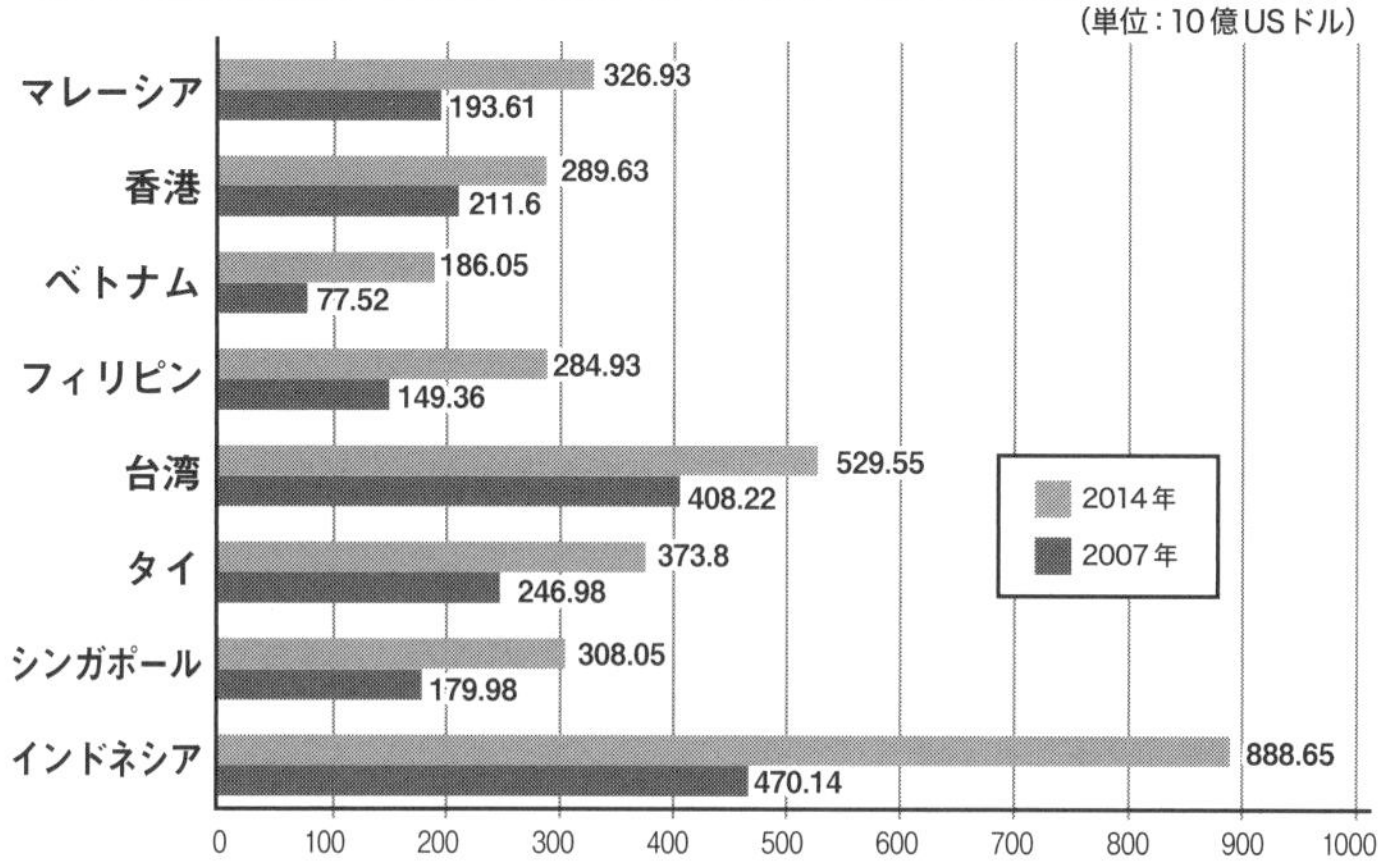

出所：National Accounts Main Aggregates Database

アジア諸国GDPの伸張比較（2014年と2007年との比較）

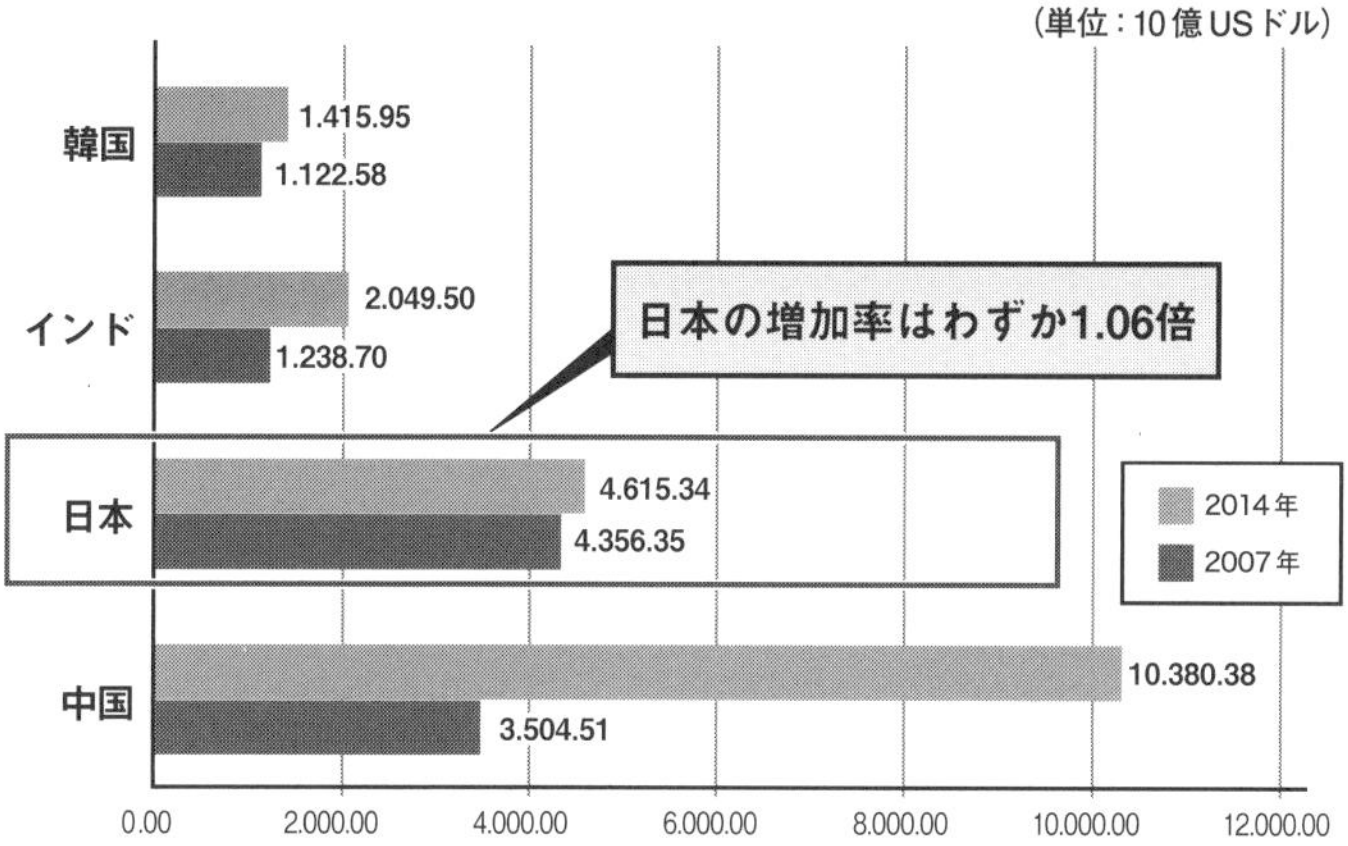

出所：National Accounts Main Aggregates Database

アジア各国の人口動態

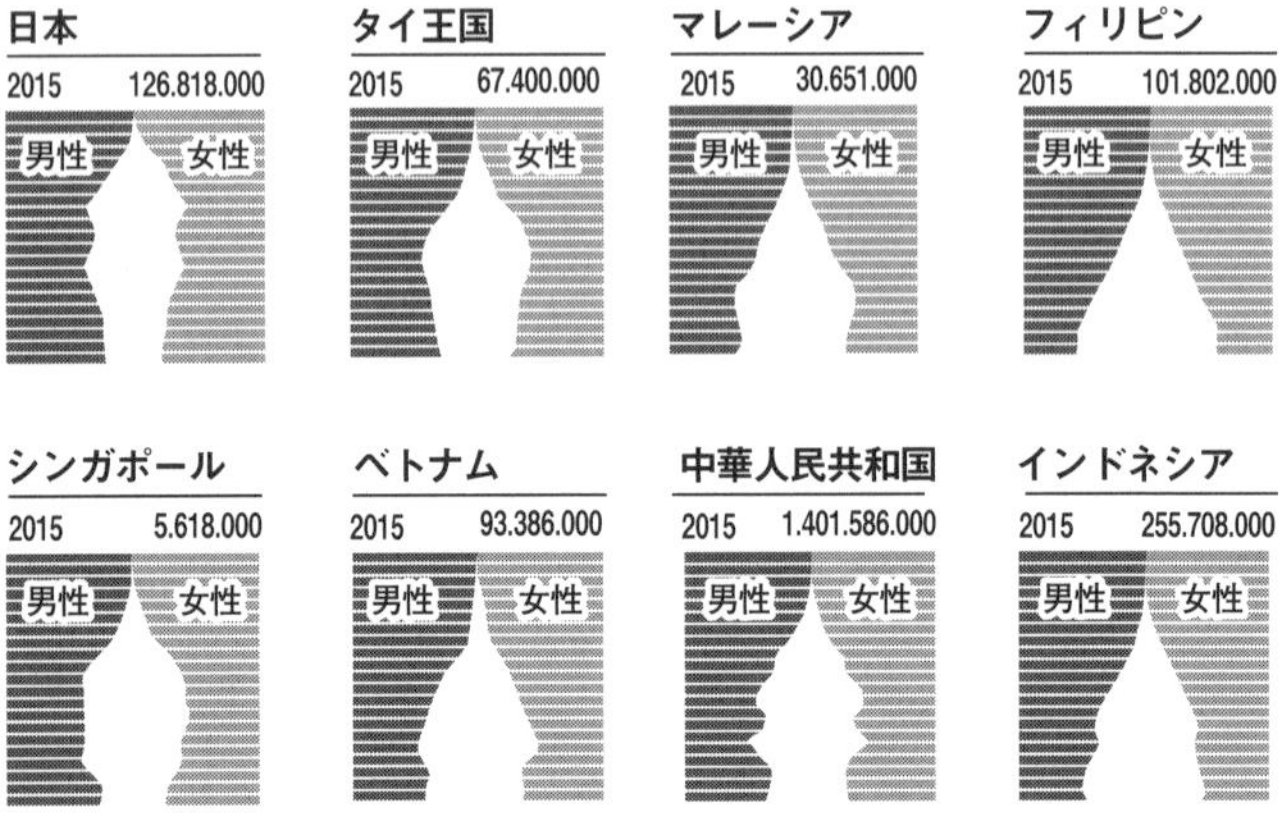

出所：World Population Prospects

次に各国の人口動態を見ていきましょう。
人口動態を見るのは、今後のその国の国内経済の行方を予想する上で、とても重要な指標の一つです。

一般的に言えば、**若年層が多い国は労働力が豊富にあり、さらには購買意欲も旺盛です。そのため、今後の比較的長い期間での経済成長が見込まれます。**

一方で、日本のように高齢化した社会では、供給面を支える労働者に乏しく、購買意欲が旺盛な若者が少ないため、今後の経済成長の余地が低くなりがちです。

もちろん、技術革新やその他の要因によって、必ずしもこの傾向が成立しない場合もありますが、非常に重要な指標ですのでご紹介します。

各国の人口動態を見ていただくと、左上の日本とよく似た人口動態を持っている国も、実はあることに驚かれたかもしれません。特にタイ、マレーシア、シンガポールなどは既に日本に近い人口動態となっています。

また、隣の大国中国も、一人っ子政策の影響で、いびつな形の人口ピラミッドを持っています。

一方で、ＡＳＥＡＮ諸国で人口が多いフィリピン、インドネシアにおいては、綺麗な人口ピラミッドを持っています。

今後のその国の経済の有望度を測る上でもこれらのデータに注目することは大切です。

日本人の就職・転職状況の観点から検討する

次ページ上のグラフは、日系企業の地域別の海外在留法人の推移を示しています。ご覧になっていただくと、日系企業がアジアにシフトしていることがよくわかると思います。

地域別海外在留法人推移

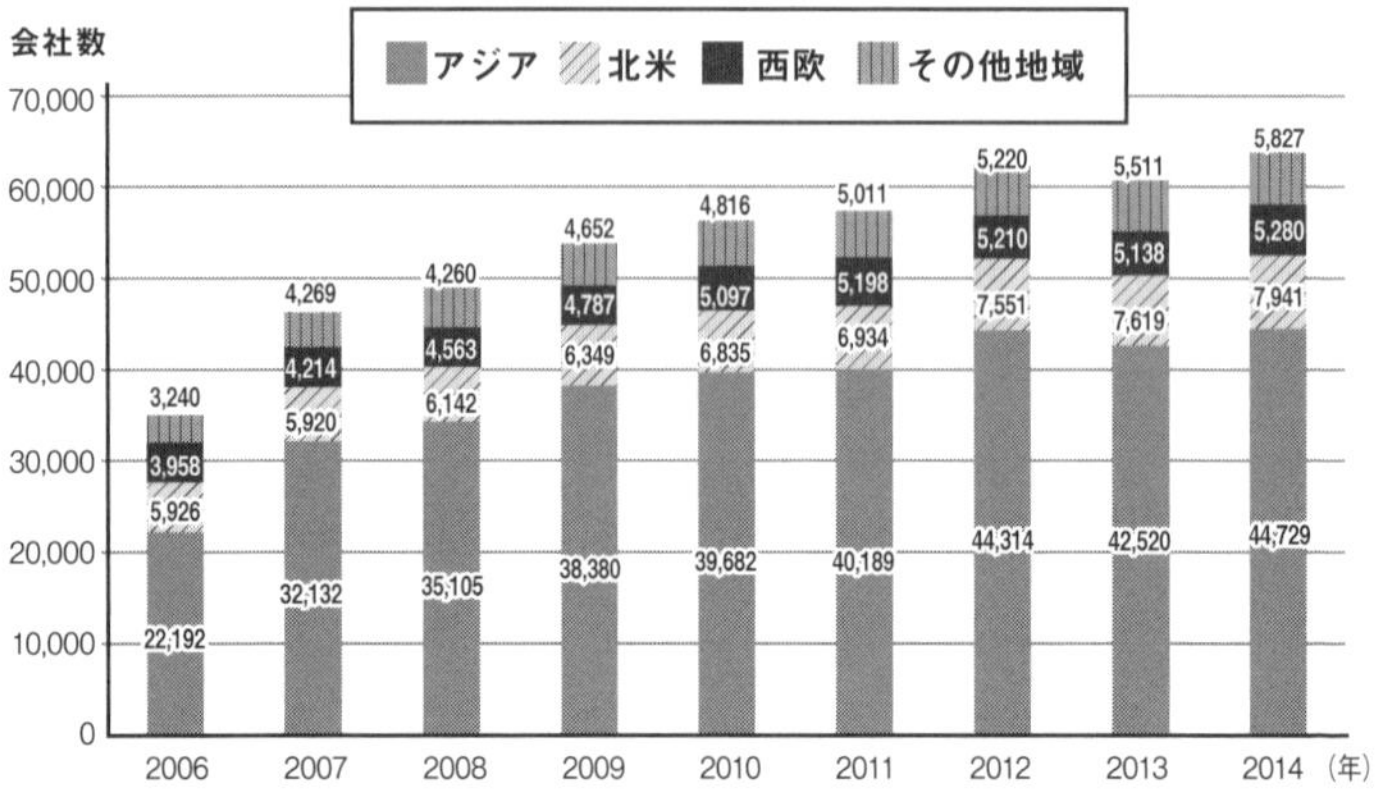

出所：海外在留邦人数調査統計（外務省）を基に作成

ASEAN諸国国別日系企業数の推移

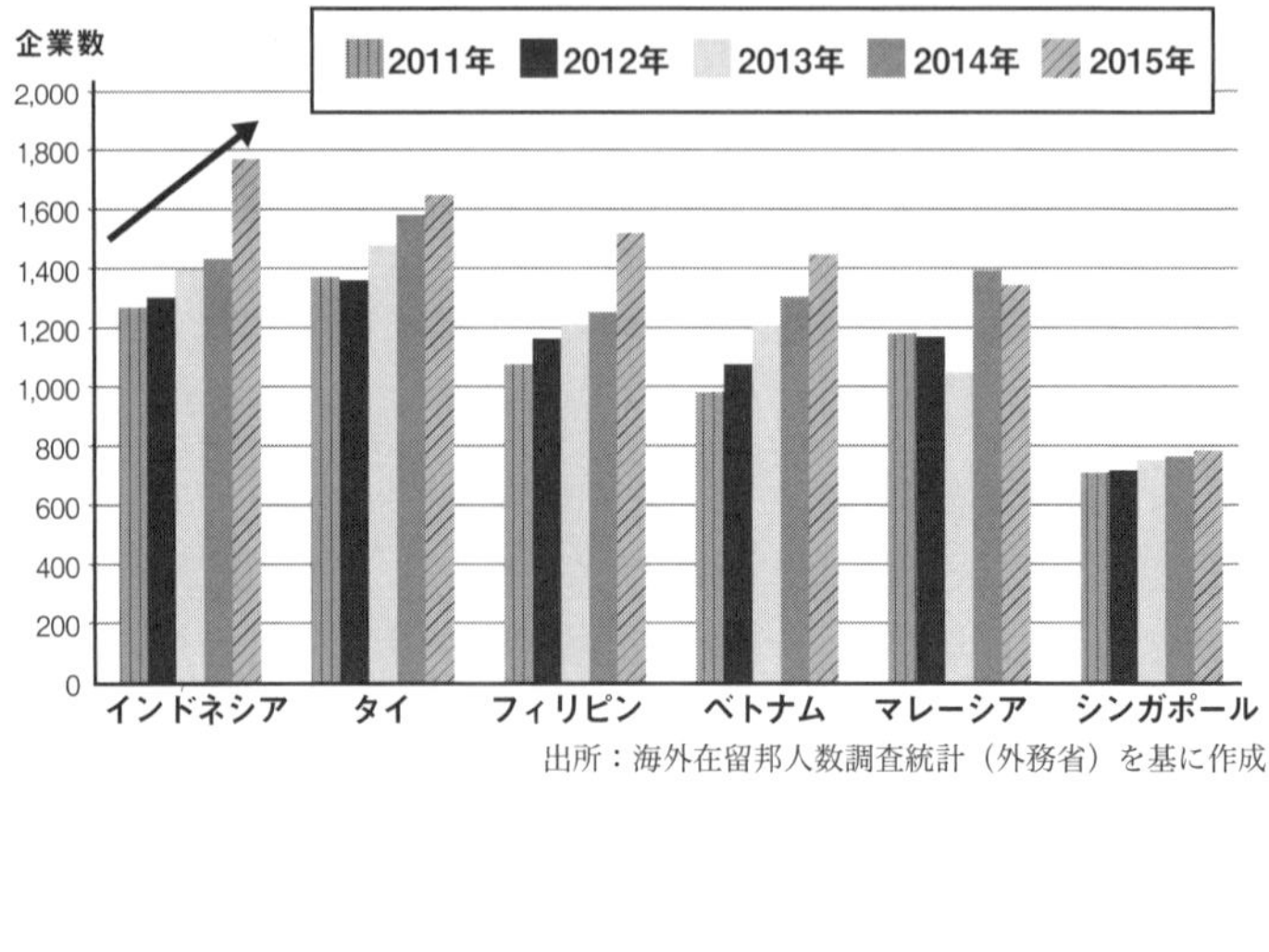

出所：海外在留邦人数調査統計（外務省）を基に作成

日系企業の進出状況

また右ページ下のグラフが、ＡＳＥＡＮ諸国への日系企業の進出状況です。いずれの国も右肩上がりで推移しています。特に２０１６年現在、インドネシア、タイ、フィリピンへの日系企業の進出が進んでいることが伺えます。

直近で日系企業数が増えている国は、企業の新規進出していることを示しますので、事業拡大のために人員補充の日本人需要も多いことが予想されます。転職エージェントから話を伺った際にも、これらの国では海外就職するチャンスは多い印象を受けました。

一般的に日本人が求められる職種

次ページには、一般的にＡＳＥＡＮ諸国で日本人に求められる職種を一覧表にまとめました。もちろん、国や都市によって違いはあるものの、どの国を見ても一般的にこの表のような求人の傾向があります。

この表が示す通り、どこの国においても一番求人が多いのは日系企業向けの営業職になります。この職種は必要な英語力は中級程度で良いものの、給与相場が高く、さらにはイ

一般的に日本人に求められる職種一覧

	職種	給与相場	必要な英語力	募集の数
1	日系企業向けの営業	中・高	中級	多い
2	日本語カスタマーサポート／コールセンター	低	初級	多い
3	通訳／翻訳	中	上級	普通
4	事務	低・中	上級	少ない
5	対日本人向けのホテル・レストラン	低	上級	少ない
6	専門職（会計・IT・デザイン・エンジニアなど）	高	中級	少ない

出所：複数の人材紹介会社へのヒアリングを基に作成

ンセンティブがつくケースも多いので、海外就職を目指す人にとって、まず検討して良い職種であると言えます。

次に多いのは、日本語カスタマーサポートやコールセンターでの仕事になります。この職種も募集は多いのですが、個人的にはあまりお勧めをしていません。

なぜなら給与水準が低い上に、業務上の使用言語は日本語がほとんどで英語を使うこともほとんどないため、語学力の向上は見込めないためです。

加えて、企業から評価される業務スキルの向上も見込めないため、今後のキャリアアップを考えても良い選択とは言えないでしょう。

フィリピンなどで短期的に就職して、業務

時間外に英語を安く勉強するなどの明確な目的を持っていない限り、就かないほうがよい職種であると言えます。

国別の一般的な給与水準について

次ページグラフは、日本人の現地採用の給料の比較を示したものです。

これは私がアジア各国の転職エージェントにヒアリングしてまとめたものです。各国によっては大きく幅があるものもありますが、参考程度に留めてもらえればと思います。

また、あなたが海外就職にこれからチャレンジする段階で、特別なスキルがあるわけではなく、英語力や現地の言葉を流暢に話せないのであるならば、それぞれのグラフの左端の最初の給料を目安にしてください。もちろん、キャリアアップをしていくにつれて給料は上がっていきます。

また、給料と同時に検討していただきたいことは、その国の物価水準です。

たしかに、シンガポールの給料は他国と比べると高いのですが、物価も非常に高いため、生活コストは日本以上にかかることになります。そのためシンガポールで現地採用されて生活している人の大部分は、シェアハウスなどで共同生活をしている人が多いです。

国別現地採用給与の目安

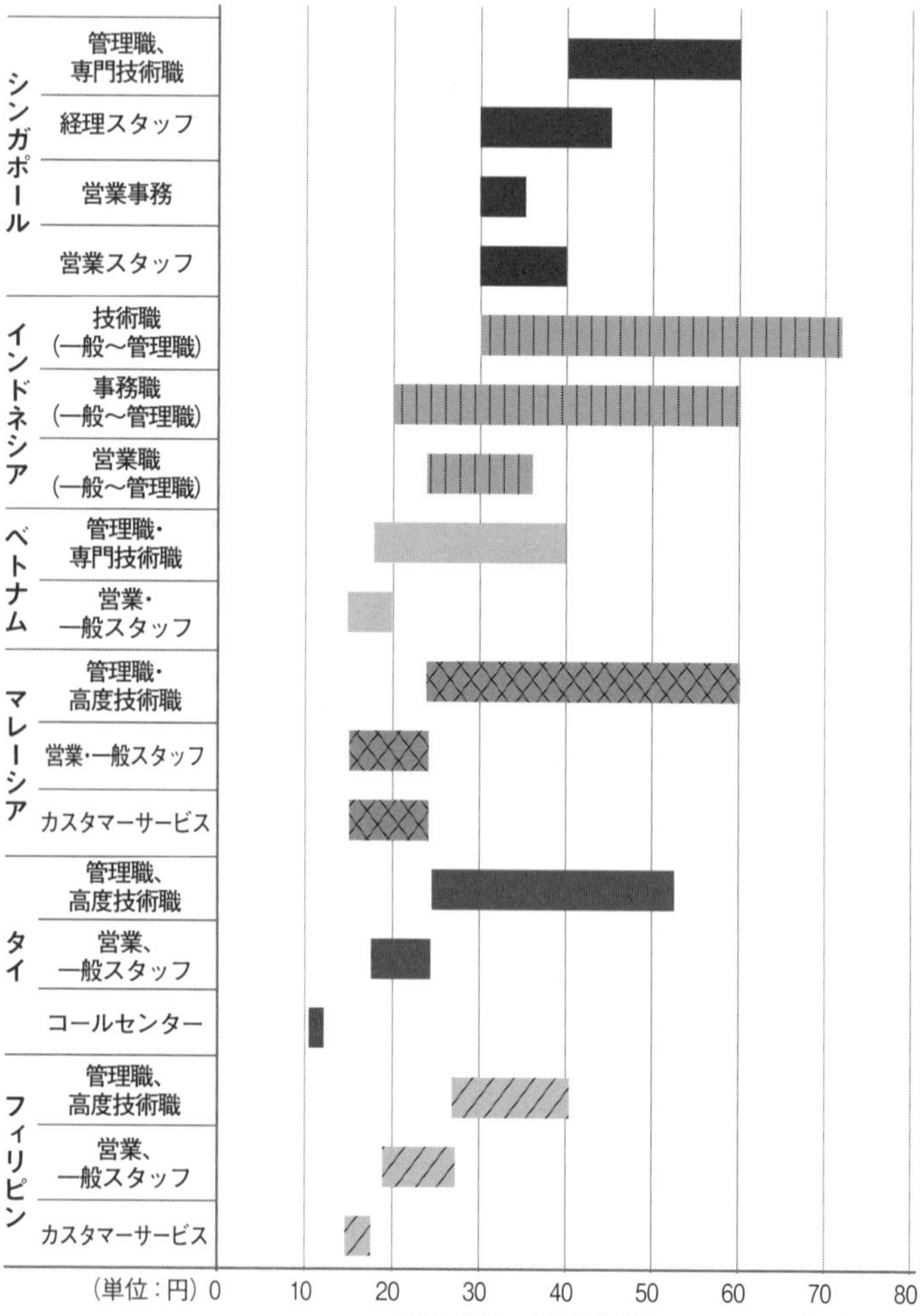

出所：複数の人材紹介会社へのヒアリングを基に作成

一方で、インドネシアやフィリピンなどで、それなりの給料をもらっている人の場合、プールやジム付きの高級コンドミニアムに住んでいる現地採用の人にも多く会いました。

各国の就職に必要な語学力（英語力）について

アジア就職を希望するものにとって、給料などの待遇と並んで気になるのが、アジア就職に必要な語学力だと思います。次の表が各国の公用語と、その国の就職に必要な英語力と英語使用度です。

英語力については、当然ながら就職する国や業種、職種、企業によって求められるレベルは異なりますし、必ずしもＴＯＥＩＣのスコアだけでは測れません。そのため、次ページ表のスコアはあくまで目安程度に捉えておいてください。

ＴＯＥＩＣのスコアは、会社によっては提出しないでも良いケースもありますが、英語でのコミュニケーション力については、必ず面接などで確認されます。

また、アジア就職を果たす上で、各国の公用語は話せるに越したことはありませんが、必須となることは稀です。なぜなら、多くの職場において意思疎通は英語で行われることになるからです。そのため、まずは英語がある程度話すことができれば、十分就職をして

アジア各国の就職に必要な英語力

国	公用語	求められる英語力（TOEIC）	英語使用度
インドネシア	インドネシア語	550点〜600点前後	△職場のみ。買い物程度OK
タイ	タイ語	550点〜600点前後	△職場のみ。買い物程度OK
フィリピン	タガログ語、英語	550点〜600点前後	◎問題なく通じる
ベトナム	ベトナム語	550点〜600点前後	△職場のみ。買い物程度OK
マレーシア	マレー語	750点〜600点前後	○かなり通じる
シンガポール	英語、マレー語、中国語	800点以上	◎問題なく通じる

出所：複数の人材紹介会社へのヒアリングを基に作成

仕事を進めていくことはできるでしょう。

ただ生活をする上で、職場のスタッフとの親密なコミュニケーションは現地の言葉を話せるに越したことはありません。アフターファイブの時間を使ってその国の言葉を勉強している人もたくさんいます。

また、一方でコールセンターなどの日本語のみで業務を行う職種の場合では、英語力はほとんど問われないケースもあります。

ただその場合、仕事を通して語学力を伸ばすことはできませんので、別の方法で語学力を上げる努力をしないと、アジア就職をテコに、ご自身のキャリアを構築していくことは難しくなってしまうでしょう。

もし、仕事を通して英語力をつけたいのであれば、最初に求められる英語力の水準が低く、英語が公用語であるフィリピンがお勧めです。

また、一方でグローバル企業の本社が集まるシンガポールでは、求められる英語力は非常に高く、ビジネスレベルの英語力を要求されることも多いです。そのため、フィリピンに就職をして英語力と業務スキルを上げて、シンガポールなどの国に転職するなどのキャリアパスもあります。

各国のビザの状況について

日本人に限らず、海外で仕事をするためには、パスポートの他に就労ビザが必要になります。普段あまり海外に行かない人にとっては、ビザ自体あまり馴染みがないと思います。おさらいになりますが、ビザと就労ビザの定義は次のようになります。

ビザ…国が自国民以外に対して、その人物の所持する旅券が有効であり、かつその人物が入国しても差し支えないと示す証書

ASEAN諸国のビザ取得要件

国	ビザ要件
タイ	学歴や過去の実務経験や経歴などを問われることはなく、簡単な面接をパスすれば就労ビザがおりるケースがほとんど。
フィリピン	同上
インドネシア	「①4年制大学卒」かつ「②25歳以上」かつ「3年以上の実務経験」※1
ベトナム	「①4年制大学卒」かつ「②5年以上の実務経験」※1
マレーシア	「大学卒業資格」かつ「数年の実務経験」がある場合には問題なく出るケースが多い。大学卒業資格がなくても実務経験が豊富で年齢が20歳後半以上であれば、出るケースもあり
シンガポール	①Sパス …申請条件としては、専門学校、短期大学もしくはそれらと同等かそれ以上の学歴を有することと、月額固定給料が2,200ドル以上であること。 ②EP（エンプロイメントパス） …一定以上の学歴（※1）と最低3,300ドル以上の月額固定給料であることが申請条件。Q1とP1、P2の3種類ありますが、申請条件は月額の固定給料額によって異なります。 P1：8,000Sドル以上　P2：4,500Sドル以上　Q1：3,300Sドル以上

※この条件を満たさない場合でもビザが発給される場合はある。

出所：複数の人材紹介会社へのヒアリングを基に作成

就労ビザ…その国で一定期間就労して、経済的利益を得るために必要なビザのこと

海外就職をする上で、就労ビザの要件は、非常に重要になってきます。

タイやフィリピンのように就労要件が非常に緩い国から、シンガポールのように非常に厳しい国もあります。

一方でインドネシア、ベトナムのように政府の定めによると厳しい要件が課されていても、実務上この要件をクリアしていなくても、就労ビザが発給されてしまうこともあります。

各国の就労ビザの発給要件は非常に変わりやすく、ビザ発給の担当者やビザを取得する就職先企業の力によっても変わってきます。

そのため、就労ビザの発給要件については、必ず転職エージェントに最新状況を確認するようにしてください。

生活環境の観点から検討する

海外で仕事をするということは、日本とはまったく異なる環境で生活することになります。そのため、就職先の国を選ぶ際には予め現地の生活状況について、ある程度、情報を入手してきちんと評価すべきです。

次ページに各国の住みやすさを評価した表を掲載します。これは私が一定期間生活して感じた評価と、現地在住の方にお話を伺い、採点した評価です。いずれにせよ、かなり主観的な評価ですので、参考程度にご覧になってください。

それぞれの評価項目についても、簡単に説明しておきます。

アジア各国の住みやすさ

	宗教	言語	英語の通用度	都市化の状況	物価 5(安)～1(高)	交通状況	住宅価格 5(安)～1(高)	治安	日本食等
シンガポール	多宗教	中国語・英語	5	5	1	5	1	5	5
タイ (バンコク)	仏教	タイ語	3	4	3	3	3	4	5
マレーシア (クアラルンプール)	イスラム教	マレー語	4	4	4	3	3	4	4
ベトナム (ハノイ)	仏教	ベトナム語	2	2	4	1	3	3	2
ベトナム (ホーチミン)			2	3	4	1	3	3	3
香港	多宗教	中国語・英語	4	5	2	5	1	4	4
インドネシア (ジャカルタ)	イスラム教	インドネシア語	3	4	3	2	3	3	4
フィリピン (マニラ)	キリスト教	タガログ語 英語	5	3	3	1	3	2	3

便利度（発展度）：5（高評価）～1（低評価）　　出所：現地在住者へのヒアリングを基に作成

あなたが就職を希望している国や都市について、これらの評価項目に即して情報を収集しておくことをお勧めします。

また各国の生活の状況については、第4章「アジア各国における日本人の就職状況を探る」に詳しく説明します。

宗教

国を選ぶ際には、その国がどの宗教を国教と定めており、どういう宗教に属する人々が多いかを把握しておく必要があります。なぜなら、宗教は一緒に働くことになるその国の人々の考え方や文化や習慣、食事や服装などに大きく影響を与えるからです。

例えば、インドネシアは、世界で一番多くのイスラム教徒を抱えるイスラム教国です。頭からスカーフを被っている女性が目立ちますし、お酒も豚肉も食べる習慣はありません。酒税も高いため、お酒を飲もうとすると（他の物価と比べて）かなり割高になってしまいます。

インドネシアは中東の国々と比べて、そこまで厳格な戒律に従っているわけではないのですが、生活に対する影響は大きいです。自分が選ぶ国が、どのような宗教に属しているのかは事前に十分に考慮したほうが良いでしょう。

現地語

言語についても非常に重要な検討項目です。アジア諸国であれば職場の共通言語は英語であることが多く、ある程度の英語力があれば入社できる会社も多くあります。

しかし、国や職場によっては入社時点では英語のみでも採用されますが、現地スタッフとのコミュニケーションは現地語がある程度わからないと難しいケースもあります。

例えば、タイの地方の工場勤務の技術者として雇われた場合、現地スタッフの多くは英語が理解できない場合もあります。

英語の通用度

言語と同様、生活の中で、どの程度英語が通じるかは国によって異なります。シンガポールやフィリピンのように英語が公用語の場合は、現地で生活する上で英語のコミュニケーションで何ら問題はありません。

都市化の状況

就職する都市が、どれだけ都市として発達しているかも、とても重要なポイントです。普段の買い物から、万が一のときにお世話になる病院、娯楽から食事などに影響する都市としての発展度は、それらの利便性に大きく関わります。

例えば、シンガポールになると東京以上に都市化が進んでいます。そのため非常に高いレベルのサービスを得ることができます。

一方でホーチミンやハノイといったベトナムの都市はまだ発展途上です。ホーチミンでは最近、イオンモールが出来たのが一大ニュースになるくらいです。都市化の状況は生活の利便性を考えるととても重要な要素です。

物価

物価についてもあらかじめチェックしておくべき重要なポイントです。

ベトナム、タイ、フィリピンといった日本の3分の1～3分の2程度の国もあれば、香港やシンガポールのように日本並みかそれ以上の物価の国もあります。

例えば、フィリピンではそれなりのレストランでビールを飲んでも120円前後ですが、シンガポールの普通のレストランでビールを頼むと1000円以上請求されることが普通です。

また、シンガポールのセブンイレブンでペットボトルのコーラを買おうとしたら2・5シンガポールドル（当時210円）と表示があり、そのコーラは買わずにそっと元ある棚に戻したこともあります。

これらの物価の高い国では、特に住宅価格は非常に高いので注意が必要です。以前、ベトナムで働いていた方が、給料2倍でシンガポールに転職したものの、生活費が3倍以上して、生活が破綻したよ！　とおっしゃっていました。

交通状況

交通状況も海外就職先を選定する上で、とても重要な要素になります。地下鉄や鉄道が走る便利な場所もあれば、自家用車がないと厳しい場所もあります。特にジャカルタやバンコク、マニラは常に慢性的な交通渋滞があり、通勤に1時間~2時間かかるということもざらと伺いました。

同じ国・都市を選ぶにせよ、その都市のどこに通勤先があるのか、どこに住むかによって交通手段はかわります。国や都市を検討する際には、交通状況もしっかりと確認することをお勧めします。

住宅価格・教育費

生活費に占める住宅費や子供の養育費は、非常に大きいので注意が必要です。特に家族がいる場合、立地やセキュリティ、グレードの面で妥協ができない場合もあるかと思います。その場合、シンガポールや香港といった場所での現地採用で生活を成り立たせるのは、かなり難しいと言えます。

また、**子供を地元の学校に通わせるのではなく、インターナショナルスクールに通わせる場合、一人当たり年間200〜300万円ほどかかることも珍しくありません。**

これは国によってそれほど変わらず、シンガポールでもベトナムでも同等レベルの学費が発生します。

日本食等の食事

都市化の状況でも述べましたが、それぞれの国・都市によって日本食レストランの多寡や日本食材の入手の可否は異なります。

最近は選択肢にあがる都市のほとんどの場所に美味しい日本食レストランが多くあり、海外生活者にとっては住みやすい状況になってきました。

特にバンコクはMRT（鉄道）の各駅に10数カ所の日本食レストランがあり、「ここは日本か！」と見間違うほどの都市もあります。

一方で自炊派の人にとって日本食材の入手の可否は重要です。近くのスーパーマーケットの品揃えをチェックする際にはこの点についてもきちんとチェックする必要があります。

自分のキャリアの方向性から検討する

アジア就職をする上で一番大切なのは、将来に対するキャリア・ビジョンです。既に相当の英語力があり、グローバル企業でバリバリ働きたいのであればシンガポールや香港を希望するのも一つですし、将来、独立起業をし、日本食レストランを経営したいという希望があれば、タイやベトナムが良い選択になるかもしれません。

また、現在はまだ英語力や実務経験が不足しているのであれば、比較的転職がしやすく、英語力を伸ばしやすいフィリピンがベストの選択になるかもしれません。いずれにしても、個人の将来に対するビジョンによって、選択すべき国・都市は変わってきます。

そのためアジア就職を検討するには、まずしっかりと自己分析やキャリアの棚卸しを行ってください。そして改めて「自分の得意なことやできること」「自分らしさとは何か？」「自分はどのように生きていきたいのか？」ということを考えてみてください。

私は「自分が生きていきたい人生にとってアジア就職がベストである」と心から思えた人がチャレンジすべきだと思います。

最終的には、自分の目で見て、自分で決める

これまで、アジア就職をする国・都市の選択基準について詳しく見てきました。多くの検討項目を見てきましたので、「こんなにたくさんの項目は検討できないよ」という声も聞こえてきそうです。

私は多くのアジア就職希望者や実践してきた人、その成功者、失敗者とお話をしてきて、「どの国に就職をすべきか？」ということに対して、あまり深く考えることをしない人が多いことに驚かされました。

確かに深く考えすぎると動けなくなってしまうこともあるかと思います。

しかし、「どの国や都市で働くのかと決めること」は、「今後の自分の生きる場所を決めること」と同じ意味ですし、「自分の人生の方向性を決めること」でもあります。

ですから、できる限りの情報を得て、きちんと比較検討した上で、最後は自分の責任で決めてください。そして、できればその国に一度訪問した上で最終的な判断を下したほうが良いと思います。

自分の目でその国やそこに住む人々を見て、その空気を吸い、食事を食べ、彼らと会話してみる。日本からアジアの国へは飛行機に乗ってしまえば、数時間で着きますし、最近はＬＣＣ（格安航空会社）により、早めにチケットを予約すれば、往復３〜４万円でチケットを取ることも可能です。

就職先を決めることは、ある意味、結婚相手を決めることに似ていると思います。一度も会わずに、写真と噂だけで結婚相手を決める人はいないでしょう。最後は自分の直感や感性に従うことになるかと思いますが、一度、自分の目で希望する国を見た上で、就職する国を決めていただくことをお勧めします。

Column 3 アジア就職の際に知っておくべき「基本方針」

▼アジア就職している人の仕事を分類する

私はこれまで、現地の日系人材紹介者を30社以上訪問し、100名以上の海外で働く日本人の話を伺ってきました。

その中で、アジアで働く現状に納得している人、そうでない人、自分の将来に自信を持っている人や海外起業を目指している人などさまざまな人々がいました。

また、アジア就職についての情報を発信する中で海外就職そのものに懐疑的な人のお話も伺うことがあります。

そこでアジアで働く人々の仕事（特に現地採用）を分類し、どの分類に属する人々が現在の状況に満足しているか、または就職先の国や企業を選ぶ際にどの分類を選んだほうが

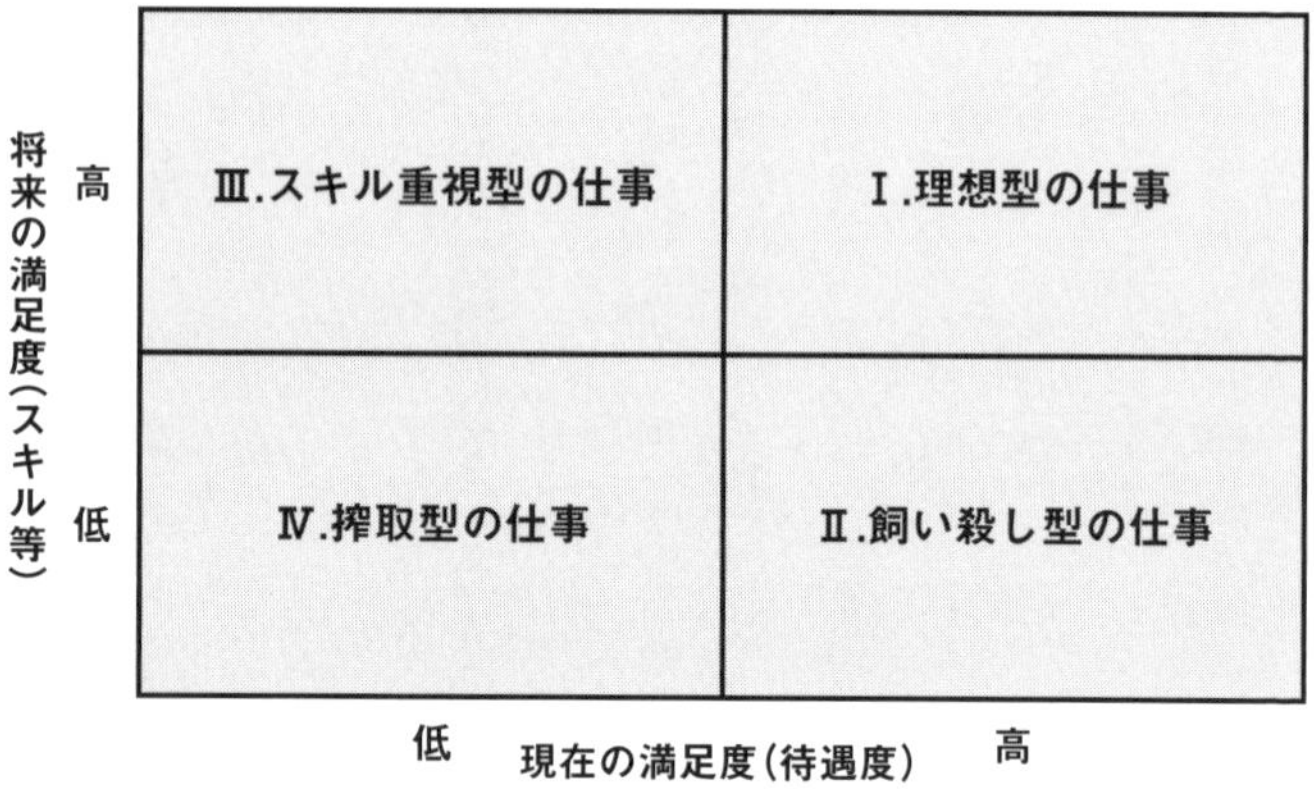

長い目で見て納得できるキャリアを得ることができるかを整理および分析してみたいと思います。

まずは実際に海外で就職している人の仕事を上図のように分類してみたいと思います。横軸を「現在」の満足度（待遇・給与・勤務時間等）、縦軸を「将来」の満足度（将来性・得られるスキル）に分類します。

ここで「現在の満足度」と「将来の満足度」は以下の要素から成り立ちます。

現在の満足度 給与、勤務時間、諸手当、休暇の取りやすさなど

将来の満足度 仕事を通して得ることができるスキル、語学、人脈、知識、マネジメント能力など

各分類の名称および特徴は、次のようになります。

- 理想型の仕事…現状の待遇にも満足しているだけではなく、将来役に立つスキルなども得ることができる理想の仕事
- 飼い殺し型の仕事…現状の待遇には満足できているが、将来役に立つスキルの取得は難しい職場
- スキル重視型の仕事…現状の待遇には満足できないが、将来役に立つスキルは取得できる職場
- 搾取型の仕事…現状の待遇にも満足出来ないだけではなく、将来役に立つスキルも取得できない最悪の職場

まずはっきりさせておきたいのは、この仕事の分類はあくまで主観的な分類であり、同じ職場でも与えられる仕事によっては「理想型の仕事」になったり、「飼い殺し型の仕事」になったりすることがあり得るということです。

例えば、同じコールセンターという職場でもあっても、ただ単に日本語でかかってくる

電話に日本語で対応する仕事をやり続けるのと、コールセンターの立ち上げに参画し、現地のスタッフを英語でマネジメントする仕事では、得られる待遇もスキルも異なります。

また同じ仕事であっても、働く人によって仕事の捉え方は異なってきます。

例えば、将来海外で起業する事を目標にしているAさんにとっては、色々なことを学ぶことができる「理想型の仕事」であったとしても、特に目標も持たずに漫然と働いているBさんにとっては、ただ給与等の待遇が良い「飼い殺し型の仕事」になることもあります。

それでは、この図を基にアジアで働いている人やその職場を分析し、アジア就職する際の基本方針を明らかにしていきたいと思います。

▼それぞれの分類で仕事をしている人の割合は？

アジアで働く多くの人のお話を伺って感じた、それぞれの分類の割合は、ざっくり言って次のようになります。

働く場所が日本であってもアジアであっても、現在の待遇に満足しており、そこで将来性のある業務を行うことができる「理想の仕事」を得られるのは、大体20％くらいではな

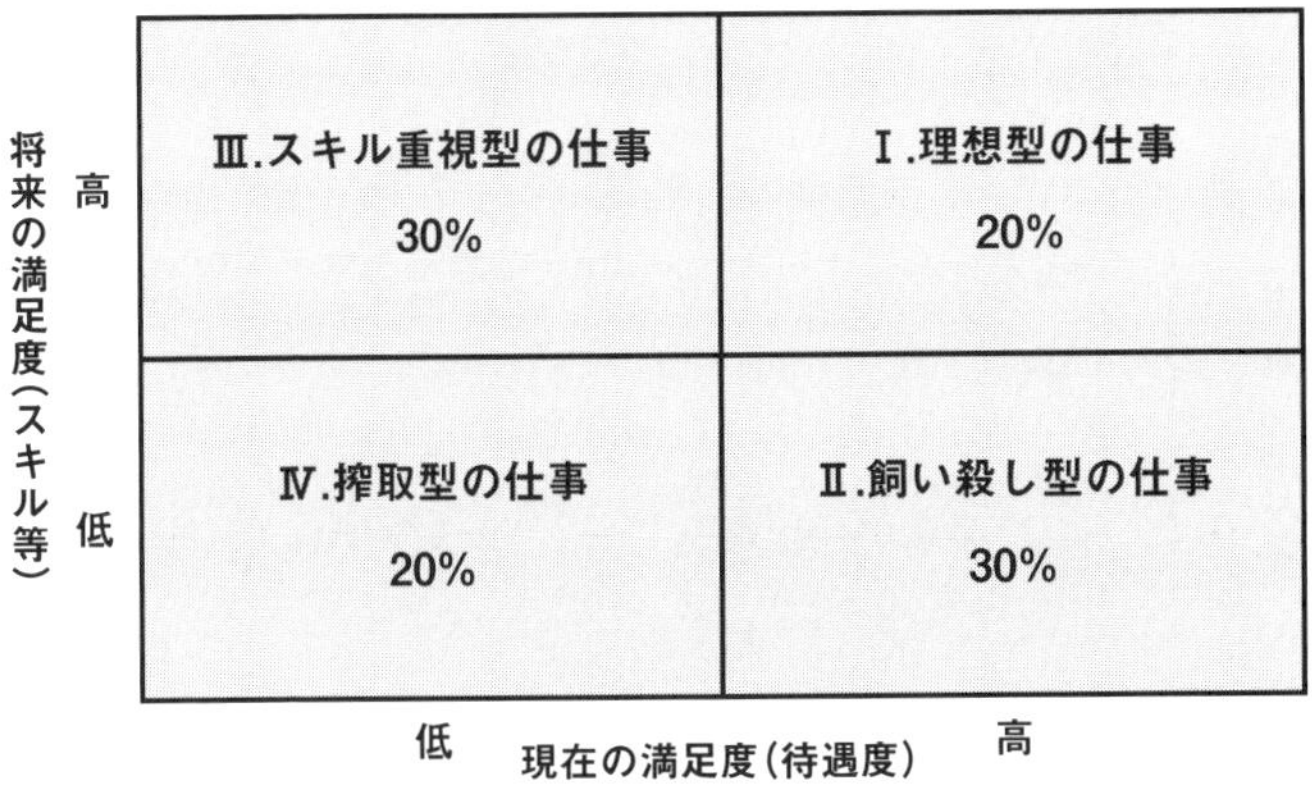

いでしょうか。

一方、大部分の人は（この図でいうと80％）の人は現状か将来性のどちらかに不満があるわけです。アジア就職を否定的に捉える人は、この80％の部分を見て危険性を煽る傾向があると思います。

もちろん、アジア就職を志す人に取って「①理想的な仕事」を目指すのは当然ですし、そうすべきでしょう。

しかし、語学力も低く、業務経験も浅い人にとって、多くの人が殺到する「①理想的な仕事」を最初から得ることは非常に難しいと思います。

それではアジア就職初心者が取るべき基本方針はどのようなものになるのでしょうか？

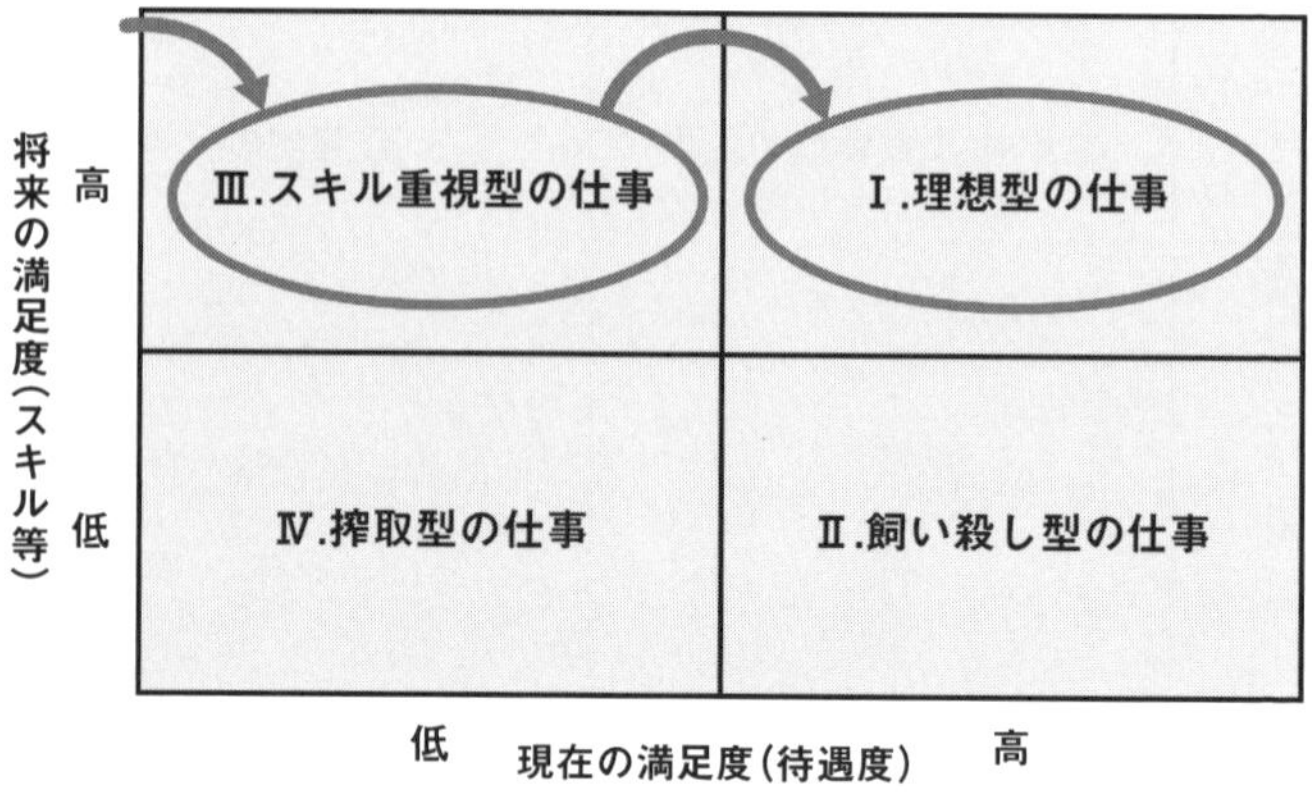

▼海外就職初心者が取るべき基本方針とは?

語学力が低く業務経験が浅いアジア就職初心者は、当初は「スキル重視型の仕事」を見つけて、まずはそこで経験を積むことを重視すべきだと思います。

そして、そこで2~3年の経験を積んだところで、待遇改善を会社に要求したり、ほかのもっと将来性が豊かで待遇も良い会社に転職をするなどの方向性が考えられます。

また、そこで学んだスキルや経験、人脈を基に起業をするという選択肢もあるでしょう。

ここで、アジア就職の非常に優位な点は、現地

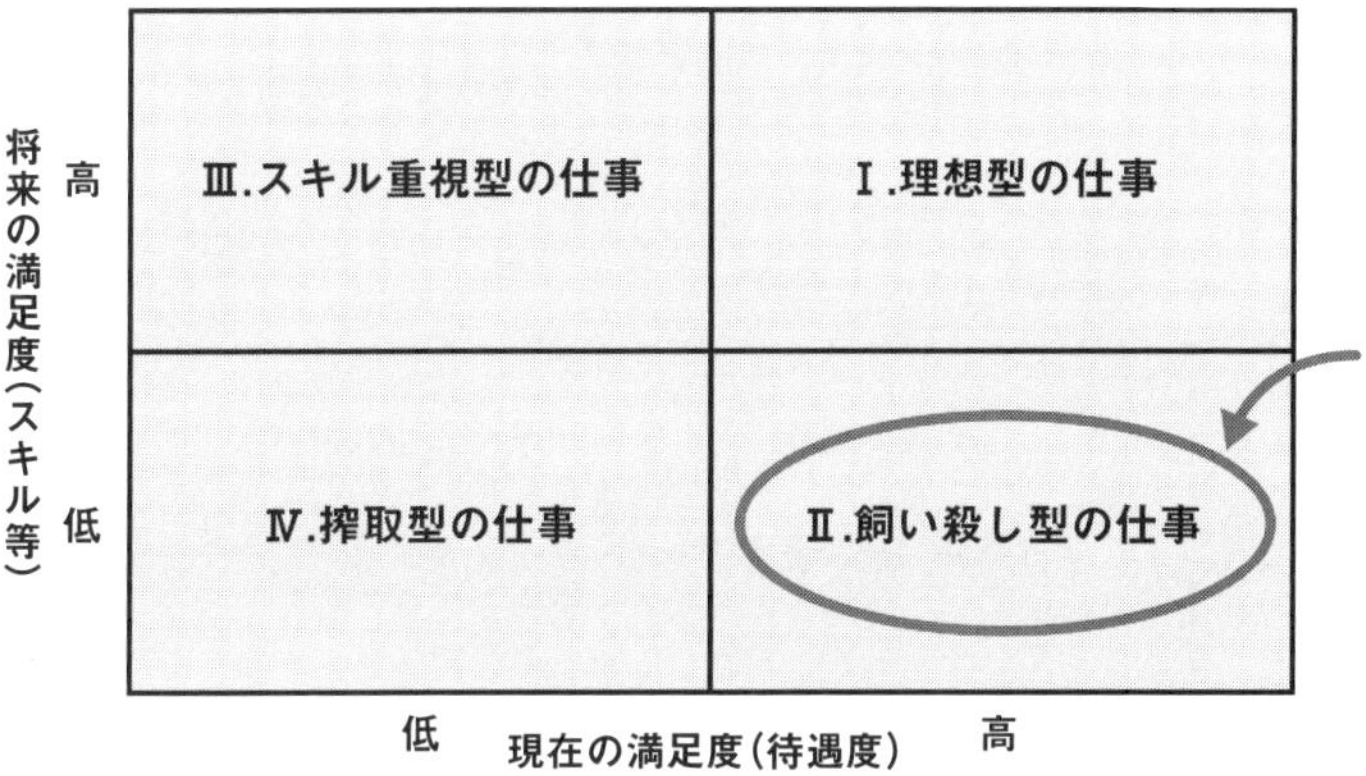

で3年程度の業務経験があり、ある程度の語学力とスキルを兼ね揃えた人材が、圧倒的に不足しているという点が挙げられます。

そのため、「スキル重視型の仕事」で修行をして次のステップに進むという戦略は、かなり有力な選択肢であると言えます。

これがアジア就職初心者のとるべき基本方針になります。

▼多くのアジア就職者が陥るキャリアの罠とは？

ここで、アジア就職を志す多くの人が陥る罠があります。それは現在の待遇を重要視しすぎて「飼い殺し型の仕事」についてしまうことです。

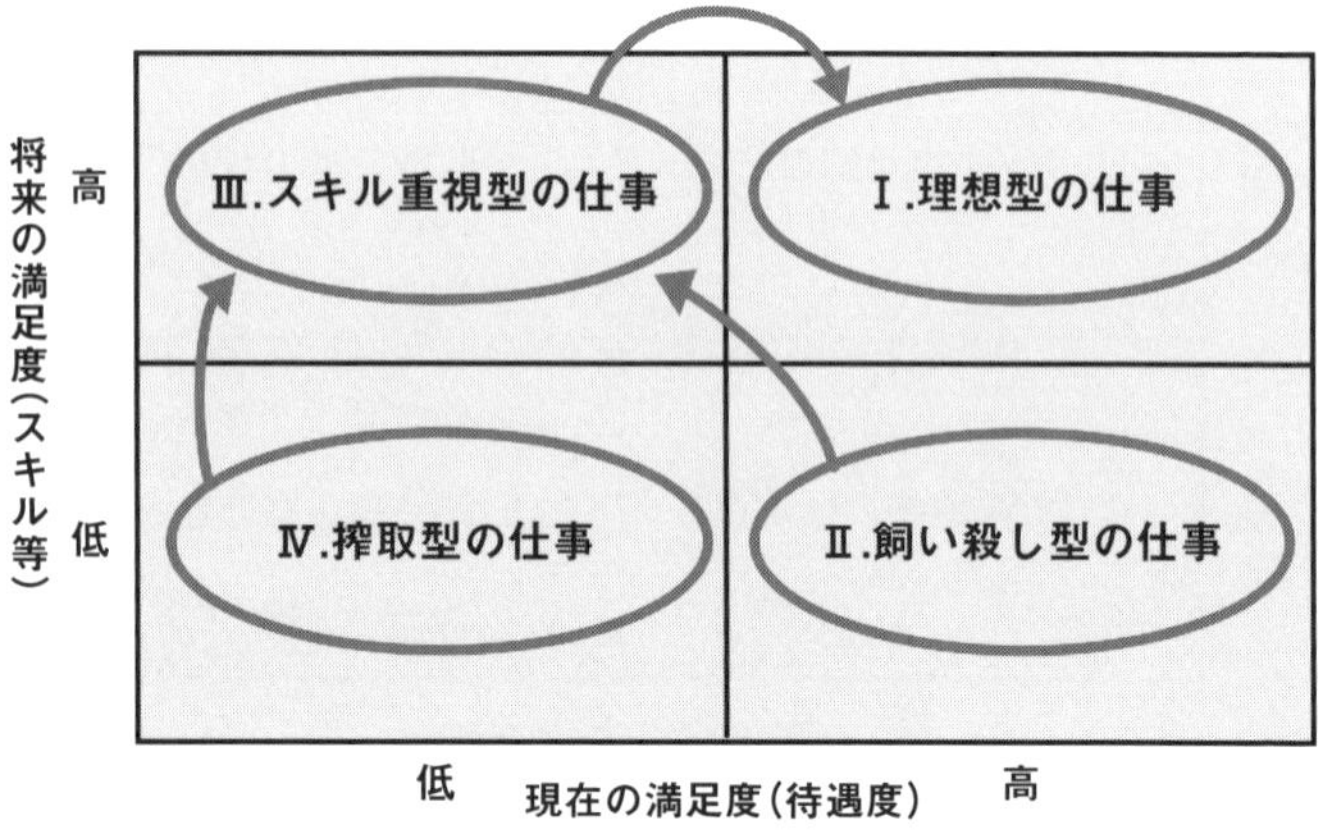

ここは将来、役に立つスキルを学ぶことはできないものの、現在の待遇が良いため居心地は良いのでしょう。多くの人がここでの仕事に満足してしまい、「理想の仕事」に移ることや次のステップに進むことを躊躇してしまい、現状維持を選択してしまいます。

結果、3～5年後に振返ったときにキャリアの行き止まりという罠にハマってしまい、前に進めなくなってしまう例を数多く見てきました。

例えば、給料が比較的良いアジアのコールセンターに就職をして、日本語でかかってきた電話に日本語で対応する業務を数年経験したとしても、次に転職をしたいと思っても、そこでの経験はほとんど評価されることはないでしょう。

いたずらに時間を浪費したとして、むしろマイナス評価を受けてしまうこともあるそうです。現状の待遇が悪くないだけに、ここから抜け出す積極的な理由もありません。そのため、一度入ったら抜け出すのが難しい、「あり地獄的」な仕事であると言うことができます。

このような人は、特にアジア就職について大きな展望を持って臨まずに、行き当たりばったりに進んでしまったり、転職エージェントの言うことを鵜呑みにしてしまい、あまり考えずに進路を決めてしまった人に多いように感じました。

また、仮にあなたが「飼い殺し型の仕事」や「搾取型の仕事」に就いてしまった場合は、速やかに「スキル重視型の仕事」に移ることを考えましょう。

「理想型の仕事」は、よっぽどラッキーな人か、既に経験や実力がある人が得ることができる仕事です。

厳しい言い方ですが「飼い殺し型の仕事」や「搾取型の仕事」に甘んじていたあなたが、すぐに目指せる仕事ではありません（例外はあるかもしれませんが）。

▼アジアで納得のいくキャリアを歩むために

結局、アジアであろうが日本であろうが、納得のいくキャリアを得るためには、自分のやりたいことを見つけて、長期的なビジョンに基づき、行動できるかどうかにかかっているのだと思います。くれぐれも転職エージェントの言いなりになったり、彼らが持ってくる求人票のみから就職先を選ぶ、ということはしないでほしいと思います。

仮にそうであったとしても、長期的なキャリアの方向性や戦略を持ち合わせた上で就職先を選んでください。

もちろん、彼らの中には親身に転職希望者の相談に乗ってくれる良識のある人も多くいます。しかし、転職エージェントのクライアントは、あなたではありません。報酬をくれるのは、あくまで就職先の企業になります。

そのため、就職先の企業の意向を重要視し、あなたの将来的なビジョンはなおざりにされることは起こりうることを知っておいてください。

あなたが、納得のいくキャリアを歩まれることを願っています。

第4章

アジアにおける日本人の就職状況を探る
――シンガポール編

※シンガポール以外のマレーシア・タイ・ベトナム・インドネシア・フィリピンについては、
http://kaigaisyusyoku.com/download/ よりダウンロードしてください。

専門性は求められるが、給料や待遇は日本以上!?

シンガポールとはどんな国か？

シンガポールの概要

シンガポールは、東南アジアのマレーシアに隣接するシンガポール島に位置する、シンガポール市を中心とした共和国制の都市国家であり、イギリス連邦加盟国でもあります。

イギリスによる植民地支配、第二次世界大戦時の日本の支配後、マレーシア連邦として独立を果たしましたが、その後、現在のシンガポールに住む中華系の住民とマレー人との関係が悪化し、１９６５年８月９日にマレーシア連邦から追放される形で、都市国家として分離独立しました。

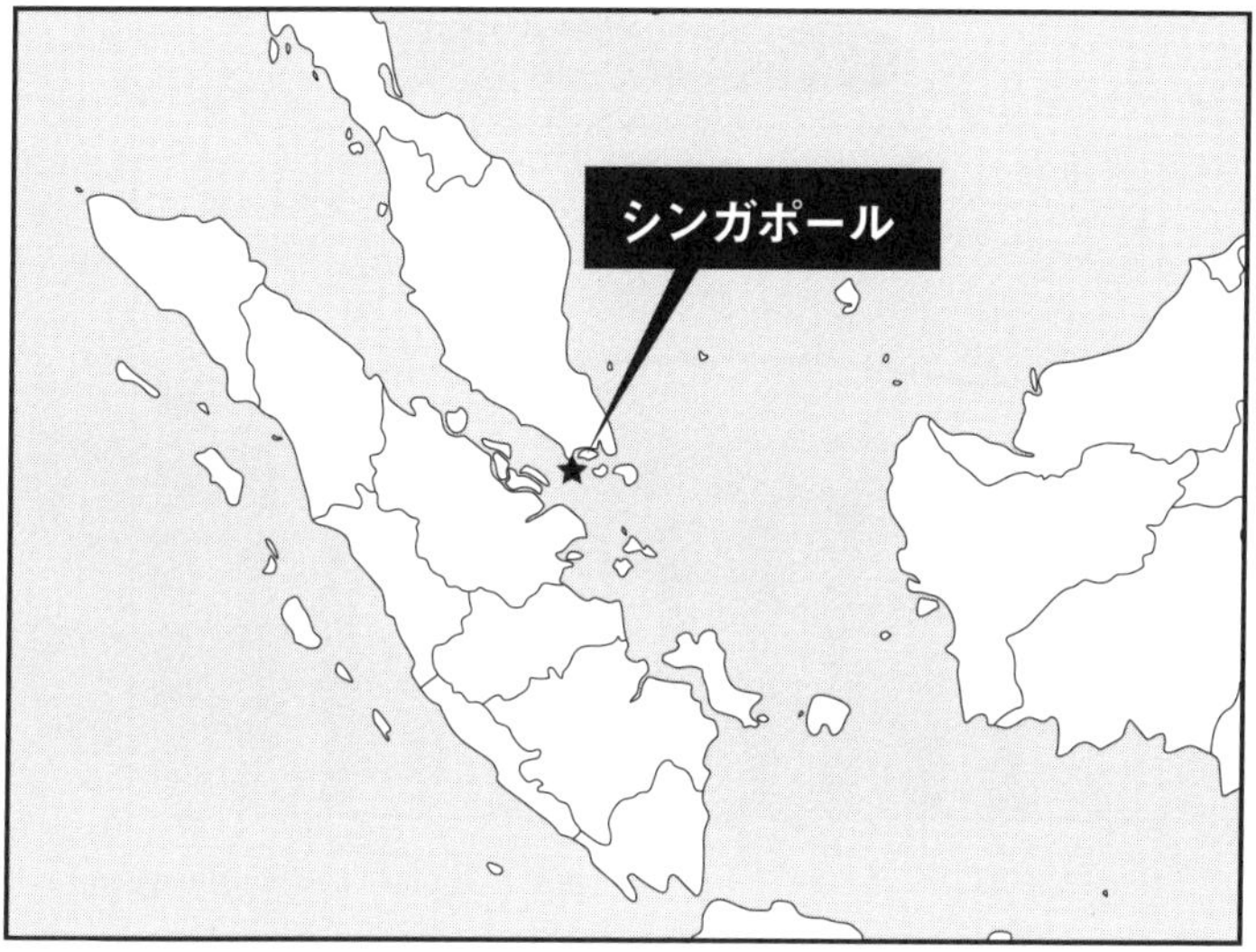

現在は、アジアの金融センターとして大いに発展しており、税制優遇措置も功を奏し、グローバル企業のヘッドオフィス（本社）も数多く存在するように、経済的に繁栄を遂げています。現在は一人当たりGDPでは日本を超えており、アジアトップの座にいます。

シンガポールの地理および気候

シンガポールは、マレー半島の最南端、赤道直下に位置します。国土面積は東京23区とほぼ同じ広さで、世界第175位の国土面積を持ち、人口密度はモナコ公国に続いて世界第2位です。

赤道直下ということもあり、熱帯モ

シンガポールの気候

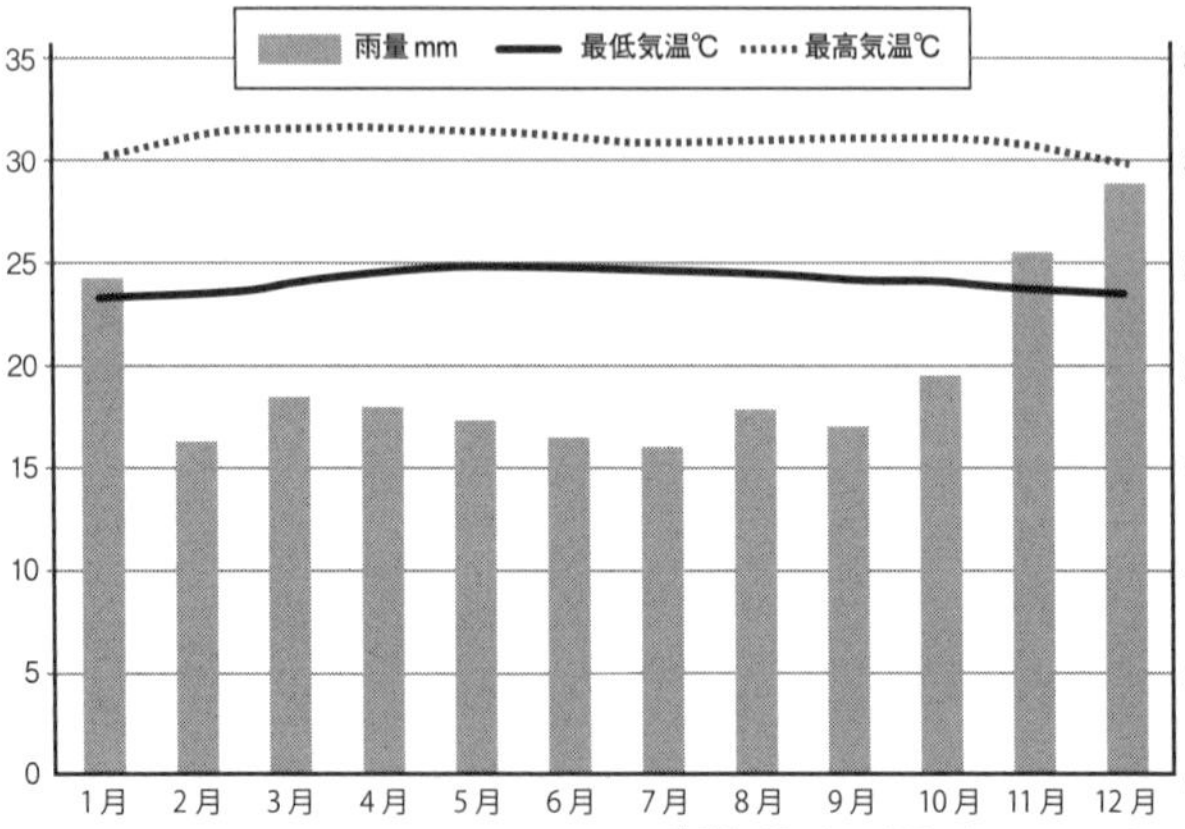

出所：National Environment Agency

ンスーン気候に属し、年中高温多湿の気候です。気候は雨季と乾季に分かれており、10月から3月の雨季は雨が多く、気温もある程度下がります。

一方、4月から9月の乾季は雨が少なく、空気も乾燥しています。特に6月から8月にかけては日差しが強いです。

しかし、乾季であっても、1～2時間で雨がカラッとあがるスコールは頻繁に降ります。

国籍・民族・宗教が入り交じる他民族国家

グラフを見ると、国民・外国人・永住者、中華系・マレー系・インド系、仏教・キリスト教・イスラム教など、さまざまな国籍、

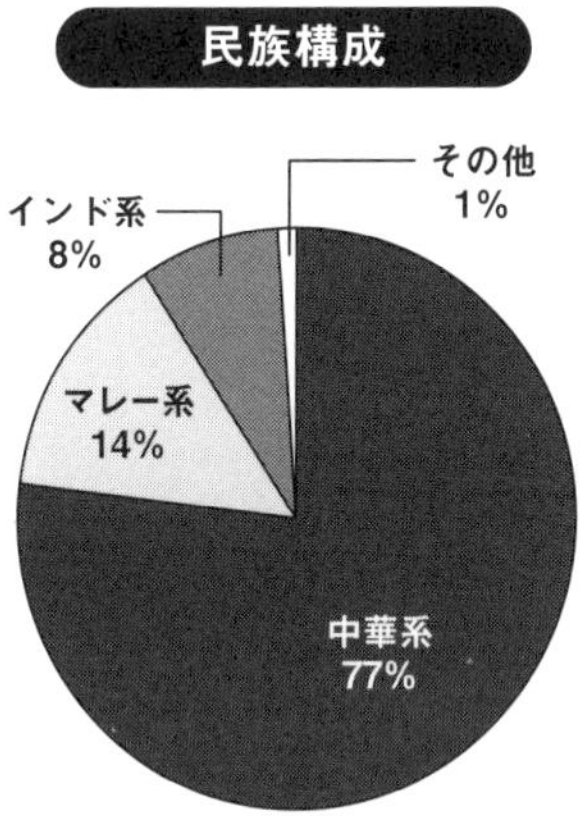

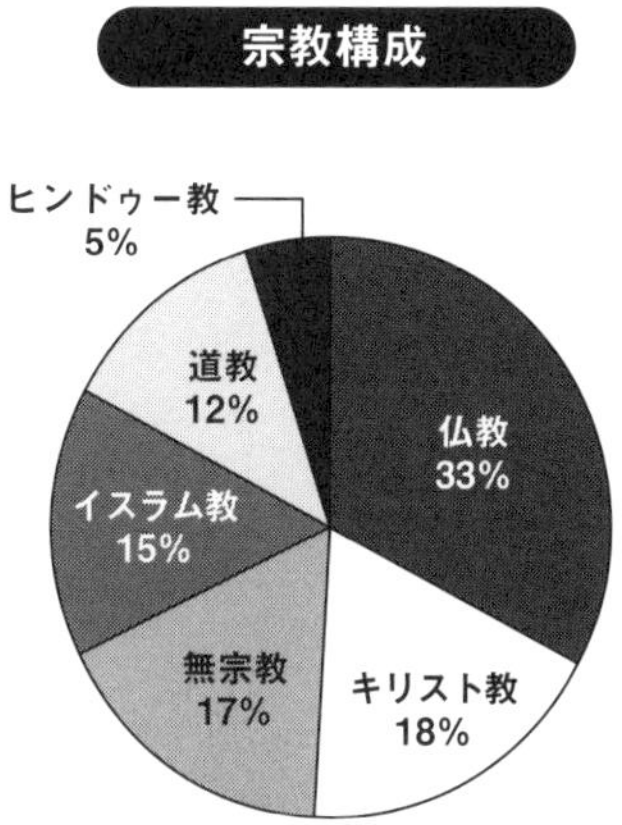

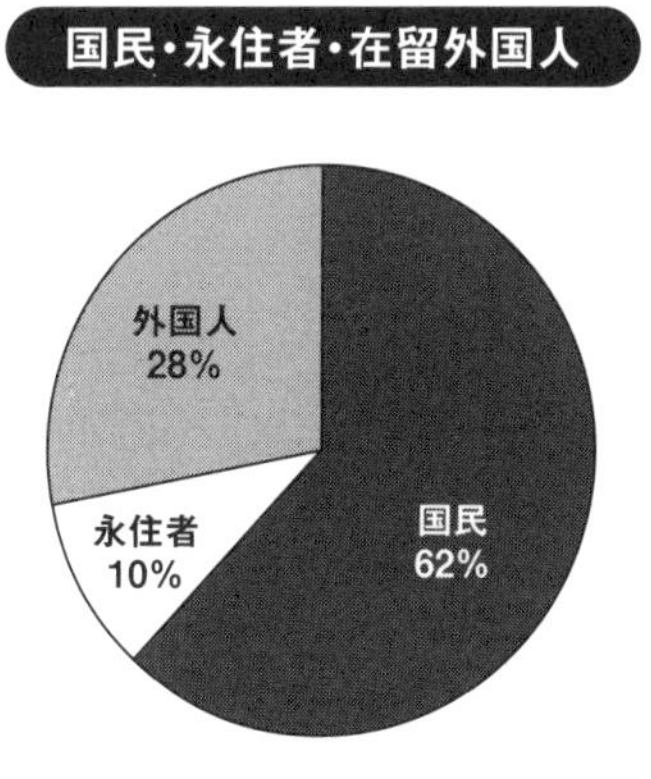

出所：外務省 HP を基に作成

民族、宗教が入り混じった、多民族国家としてのシンガポールの素顔が見て取れると思います。

憲法上、マレー語が国語とされていますが、国民の多くが英語を話すことができ、中華系も多いことから中国語を話せる国民も多数います。

「明るい北朝鮮」

シンガポールは、建国以来一貫して人民行動党が議会の多数を占める、事実上の一党独裁国家であり、言論についても厳しく統制されています。

各国のメディアに与えられる報道の自由度を表す、2014年度の報道の自由度ランキングでは180カ国中「150位」と不名誉なランキングに名を連ねています。

一方で経済的には成功しているため「明るい北朝鮮」と言われています。ちなみに本家の北朝鮮は「179位」となっています（最下位はエリトリア）。

日本との比較

日本を「100」とした場合の各種データの比較は、表の通りです。

日本を100%とした場合の各データの割合

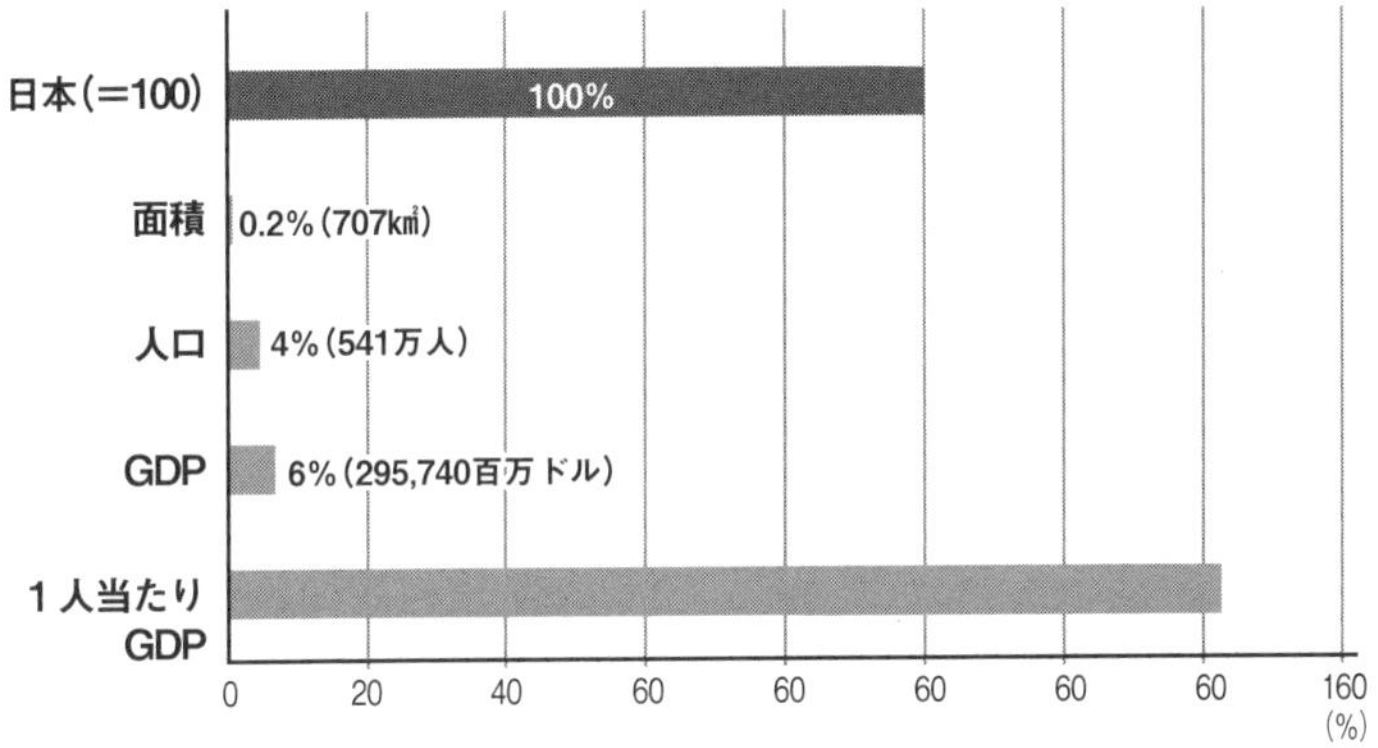

出所：外務省 HP データを基に作成

まずはシンガポールの国土面積については東京23区程度の広さしかありません。人口は５４１万人を要しており、日本の４％程度を占めています。

一方ＧＤＰについては６％もあり、一人当たりＧＤＰについては１４２％と日本を大きく超えています。

これは単純に一人一人の国民目線で見ると、シンガポール人は日本人より平均的にお金持ちであると言えます。

実際シンガポールの街中を歩いていると、東京の大手町や銀座、汐留を歩いているような錯覚に陥ります。治安も日本並か、それ以上に安定しており、非常に住みやすい環境です。

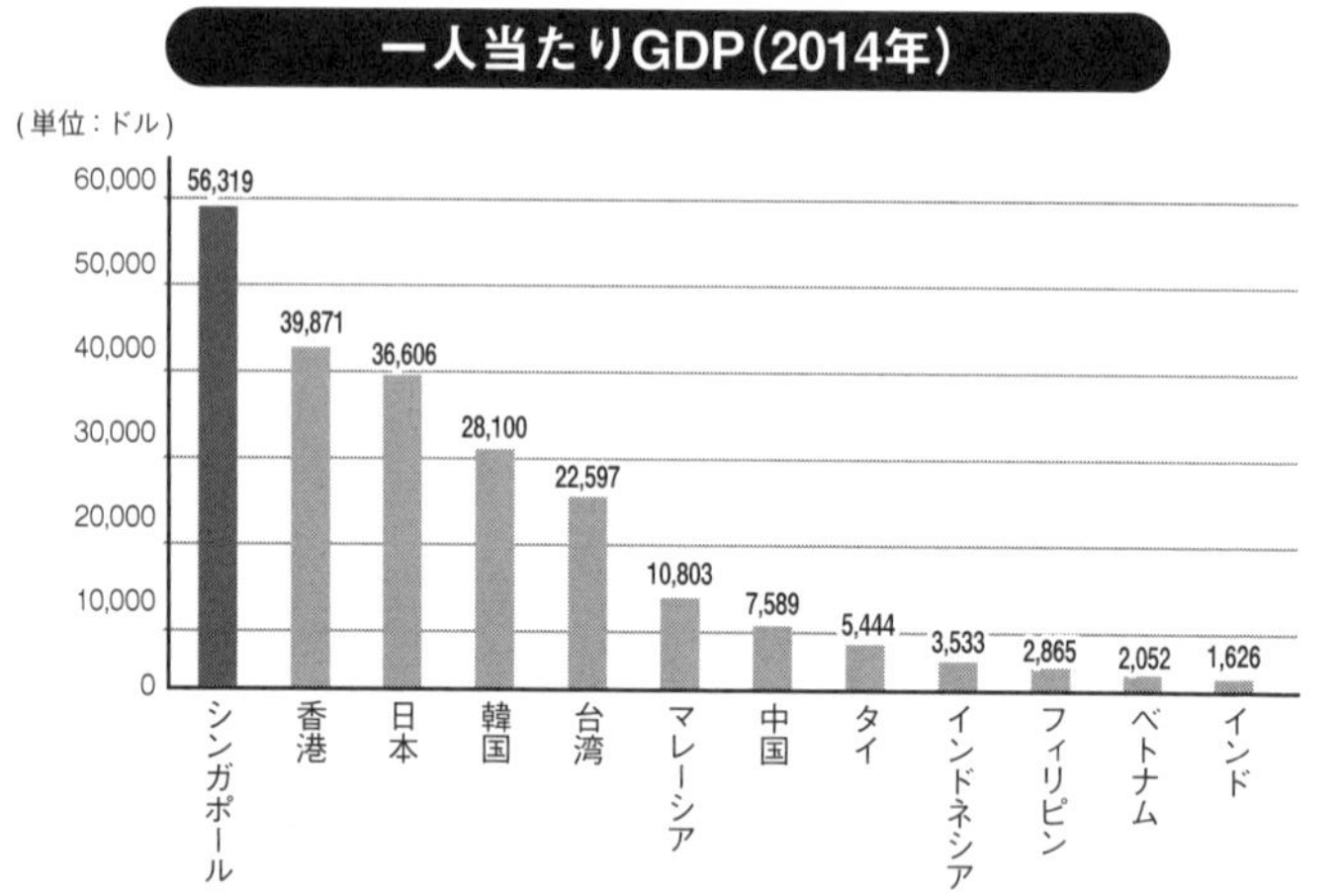

出所：IMF - World Economic Outlook Databases

シンガポールの経済状況

前述した通り、シンガポールの一人当たりGDPは50000ドルを超えており日本を上回っています。

実際、シンガポールの街を歩くとよく分かりますが、超高層ビルが立ち並び、街中は良く整備され、きらびやかなショッピングモールや商業施設が立ち並んでいます。

シンガポールの経済は近年若干伸び悩みを見せているものの、それでも直近7年間でGDPは1・7倍の成長を見せました。

アジアの金融センターとして、また貿易の拠点として、さらにはグローバル企業のヘッドクォーター（本社）の所在地として発

ASEAN諸国のGDP伸張比較（2014年と2007年との比較）

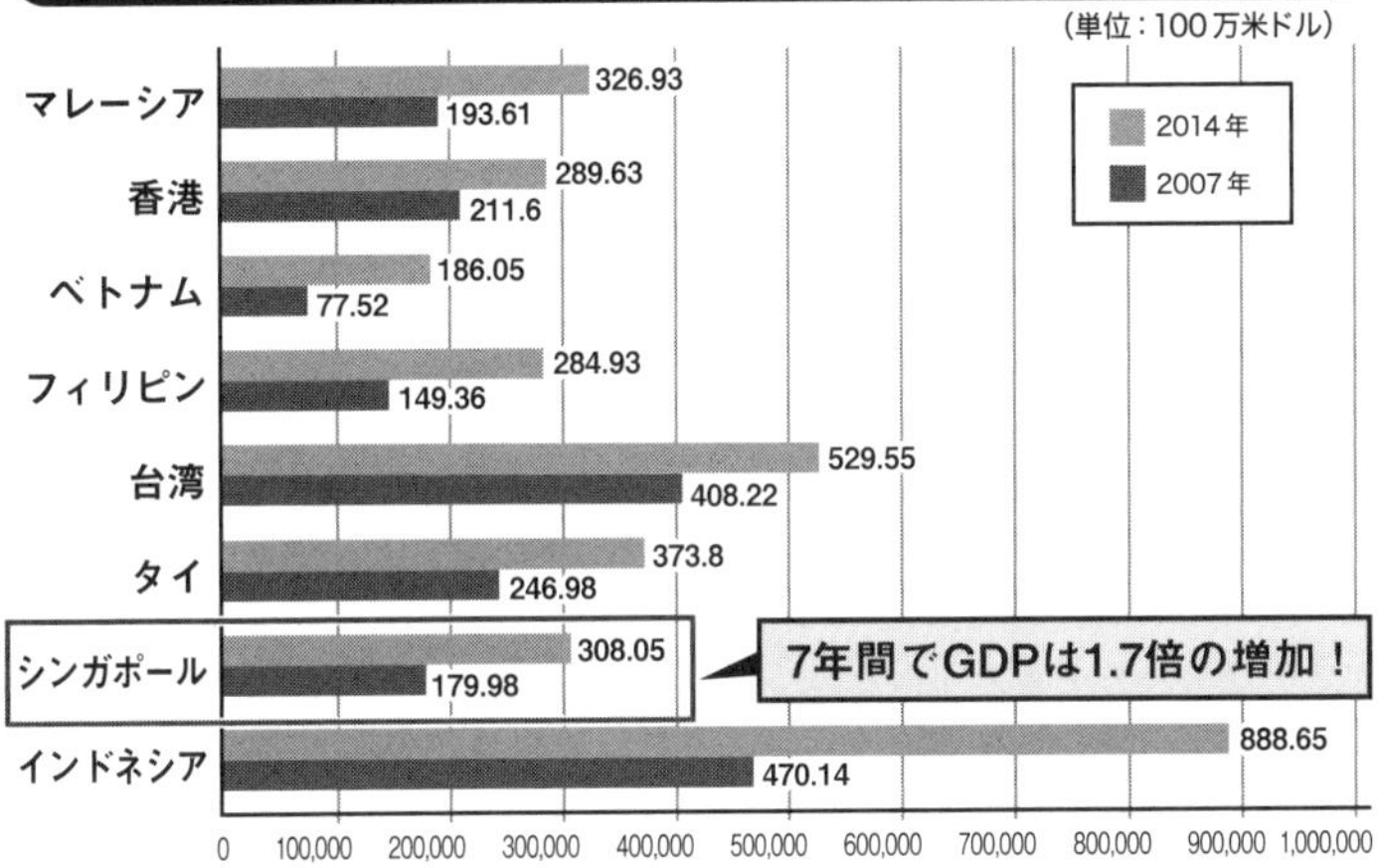

出所：National Accounts Main Aggregates Database

展しています。

また意外に思われるかもしれませんが、工業国としての顔も持ち、エレクトロニクス産業、航空関連、バイオ・医薬品・医療関連などの産業も非常に盛んで、輸出産業となっています。

さらに観光立国としても力を入れており、ロンドン、パリ、バンコクに次いで、世界で4番目に外国人旅行者が多く訪れる都市でもあります。

シンガポールの産業

シンガポールの産業別GDPの内訳はグラフの通りです。

中身を見ていくとサービス業が65%と圧

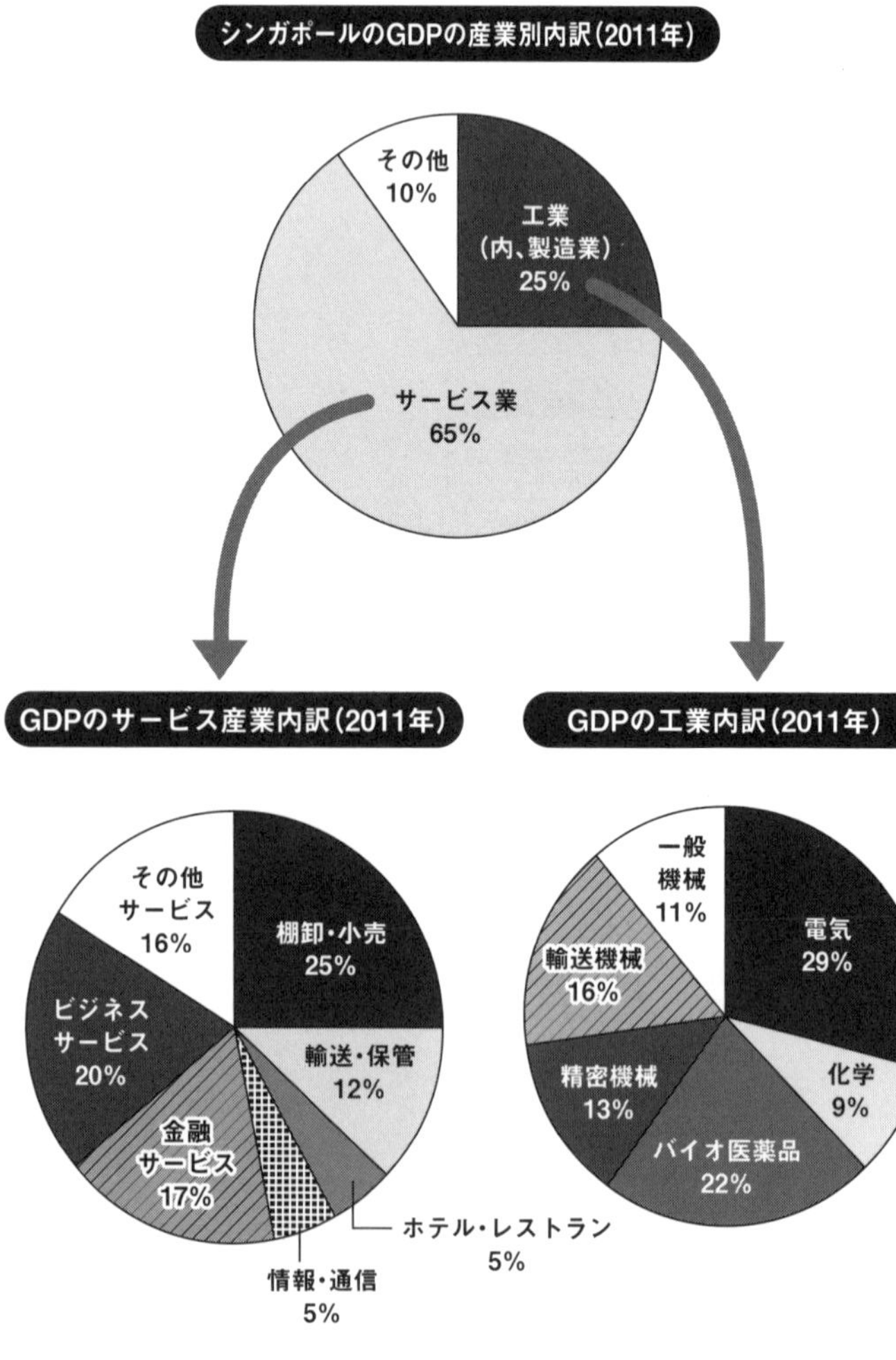

出所：シンガポール統計局

シンガポールの日本への輸出入推移

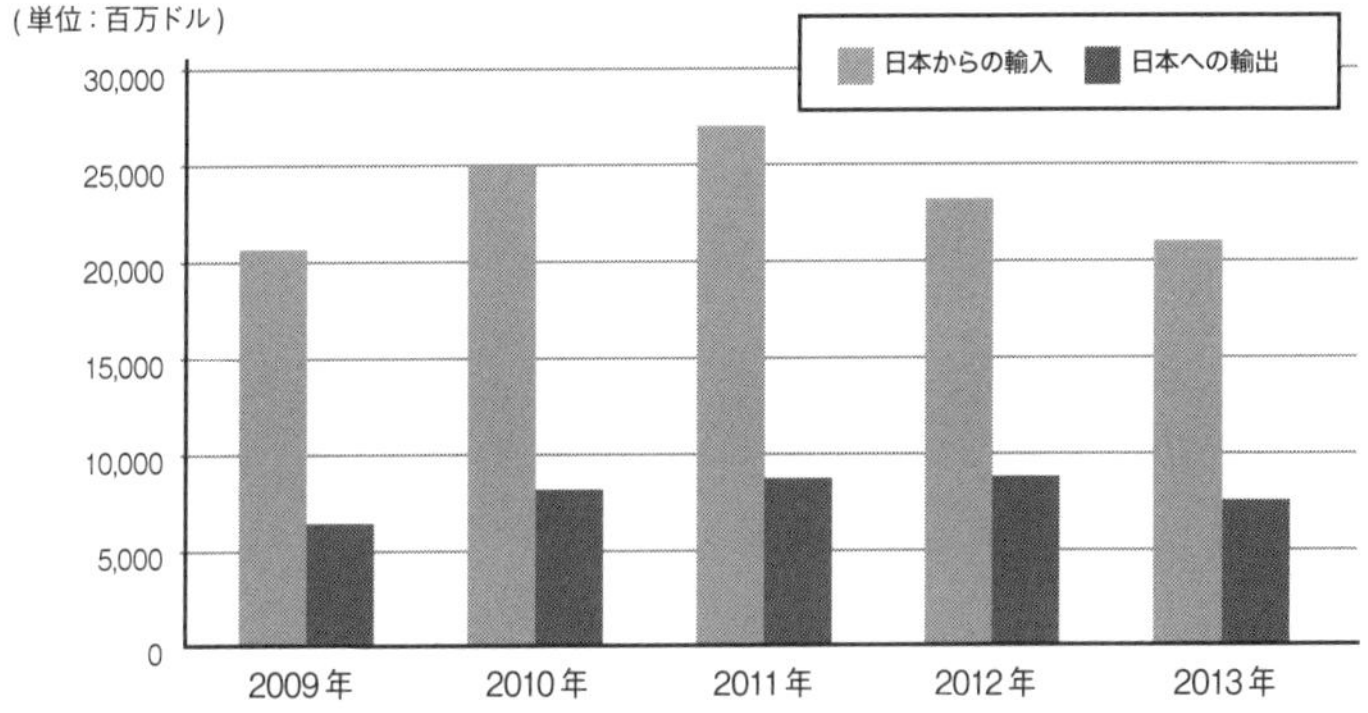

出所：シンガポール統計局

倒的に大きく、次に工業が25%となっています。金融センター、アジアのヘッドオフィス（本社）、観光立国というイメージ通りのGDP構成比ではないでしょうか。

サービス業の内訳は左下のグラフです。やはり特徴的なのが、金融サービスおよびビジネスサービス、さらにホテル・レストランなどの観光に立脚したセグメントが大きな部分を占めている点です。明確な国家戦略が功を奏していることが伺えます。

一方、工場分野に目を移すと、特徴的なところでバイオ医薬品、輸送機械、化学があります。バイオ医薬品については、R&D拠点「バイオポリス」や医薬品製造拠点の「トゥアス・バイオメディカル・パーク

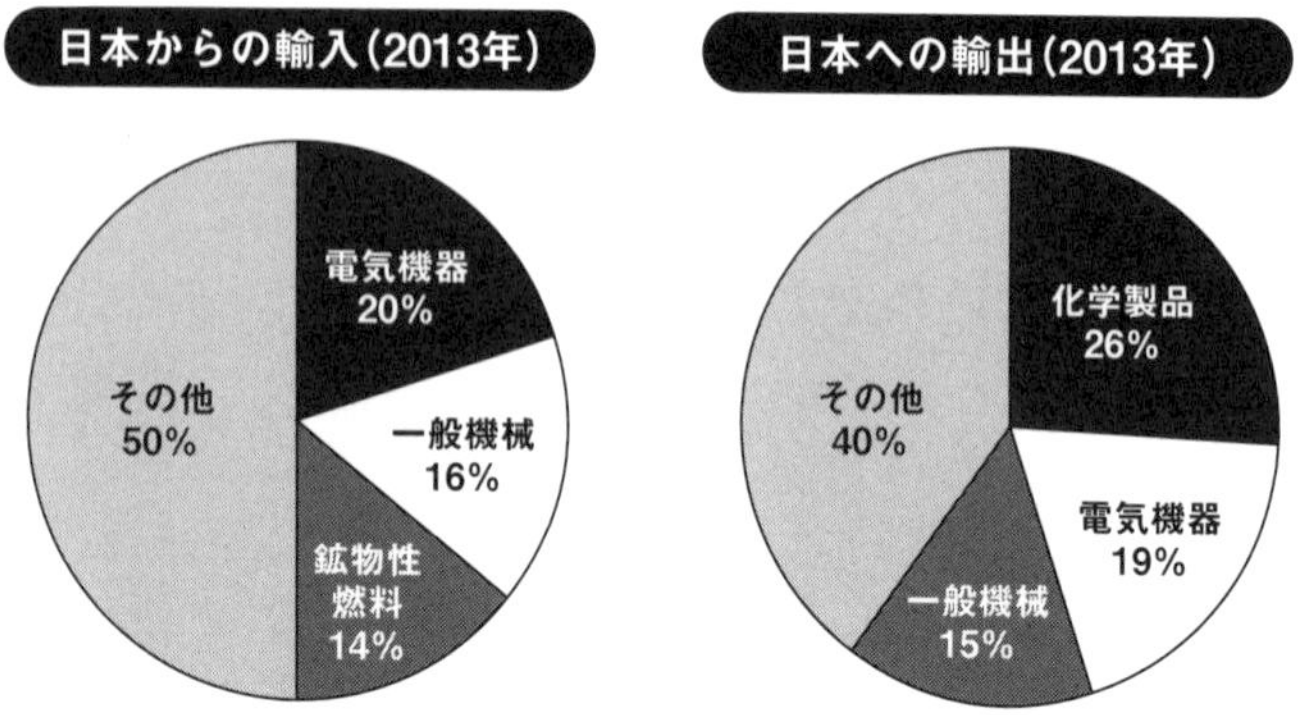

出所：シンガポール統計局

（ＴＢＰ）」、医療機器製造拠点の「メドテック・ハブ」などに政府主導で開発・製造拠点を作り、医療産業のクラスターができています。

また、輸送機械についても航空関連産業集積拠点「セレタ・エアロスペース・パーク（ＳＡＰ）」などの工業団地があり、化学についてはジュロン島（シンガポール西部）に工業団地が形成され、大規模な製造を行っています。

シンガポールの輸入および輸出産業

シンガポールは一貫して貿易黒字（輸出＞輸入）ですが、日本との関係で言えば、輸入超過（輸出＜輸入）となっています。日本との直近の貿易額は減少していますが、日本はシンガポールにとって有力な貿易相手国になっています。

日本からの輸入の内訳を見ると、電気機器、一般機器、鉱物性燃料となっています。

一方、日本への輸出の内訳を見ると、化学製品、電気機器、一般機械となっています。化学製品はジュロン島の工業団地で製造された製品を多く輸出しており、輸出製品の内訳を見るとシンガポールの工業国の側面も垣間みられます。

日本人の就職状況を探る

求められる業種及び職種

前述した通り、シンガポールの主な産業は、工業（バイオ・医療、精密機器、輸送機械などのハイテク産業）およびサービス産業です。

サービス産業の中身は金融サービス、小売業、ＩＴ関連、外食産業から成っており、求められる日本人もこれらの産業の中での営業職やカスタマーサービスおよび技術職になります。

また、グローバル企業のヘッドオフィスの、経理会計や秘書などの管理部門（日本担当）としての求人もあり、幅広い業種および職種だけではなく、入社後の社内でのポジション

シンガポールの求人割合

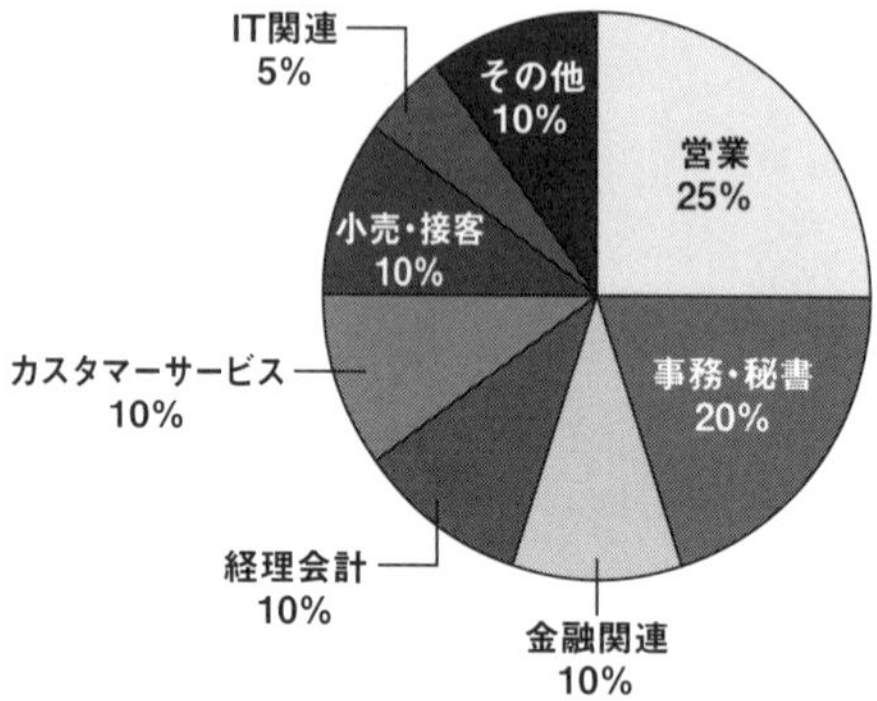

出所：複数の人材紹介会社へのヒアリングを基に作成

も幅広くなっています。

その中で**一番多い職種は、日本企業に対する営業職**になります。当然ハイクラス人材として採用されるには、①英語でのコミュニケーション能力と、②プロフェッショナルとしての高い専門性が求められますが、一旦採用された場合の報酬も非常に高くなっています。

採用後も厳しく結果を残すことが求められるため、シビアな環境の中で自分を高めていけるような仕事をしたい方にオススメです。

いくつかの日系の人材紹介会社を訪問してお話を伺いましたが、企業からの求人数は変化なしか、やや減っている一方、求職者数は増えていっている状況で、求職者側からみるとやや競争が激しくなっている状況です。

求められる語学力・コミュニケーション能力

一部の技術系の職種を除いて、かなり高度な英語でのコミュニケーション能力が求められます。コミュニケーション能力は必ずしもTOEICのスコアで測れるものではありませんが、多くの職種で最低でも800点以上のスコアレベルの英語力が求められます。

また、日系企業でも面接は英語と日本語の両方で行われるケースが多く、英語力だけではなく日本人のビジネスパーソンとして、日本語での業務遂行能力も厳しく問われます。

この点についてはなかなか対策がとりにくいかと思いますので、普段からの日本での業務で培っていく必要があります。

日本人現地採用の一般的な労働条件

シンガポールでの就職は、一般的に他のアジア諸国と比べて、求められる英語力および実務能力が高いため、難易度は高くなっています。

しかしその分、給料や待遇は他のアジア諸国と比べてかなり高く、日本国内での給与水準程度、もしくはそれよりも高い待遇で採用されることも珍しくありません。

営業スタッフ：30万円～40万円
営業事務：30万円～35万円
経理スタッフ：30万円～45万円
管理職、専門技術職：40万円～60万円

即戦力を求められるため、実務経験がない、大学卒業後すぐの就職は難しく、30歳代から～40歳代の中堅層や、高い専門能力やマネジメント能力を持った人材の求人が多数あります。

業種については製造業、商社、金融業、ＩＴ情連、物流、飲食などのサービス業と非常に幅広く求人があります。

職種についても幅広く、営業、営業事務、カスタマーサポートなどから、日本のアジアを統括する部門が多く進出していることから、経理や財務関連の職種、また秘書業務などの求人も多数あります。

日本レストランのシェフや、店舗統括などの仕事もあります。

日本人とシンガポール人大卒初年給の比較

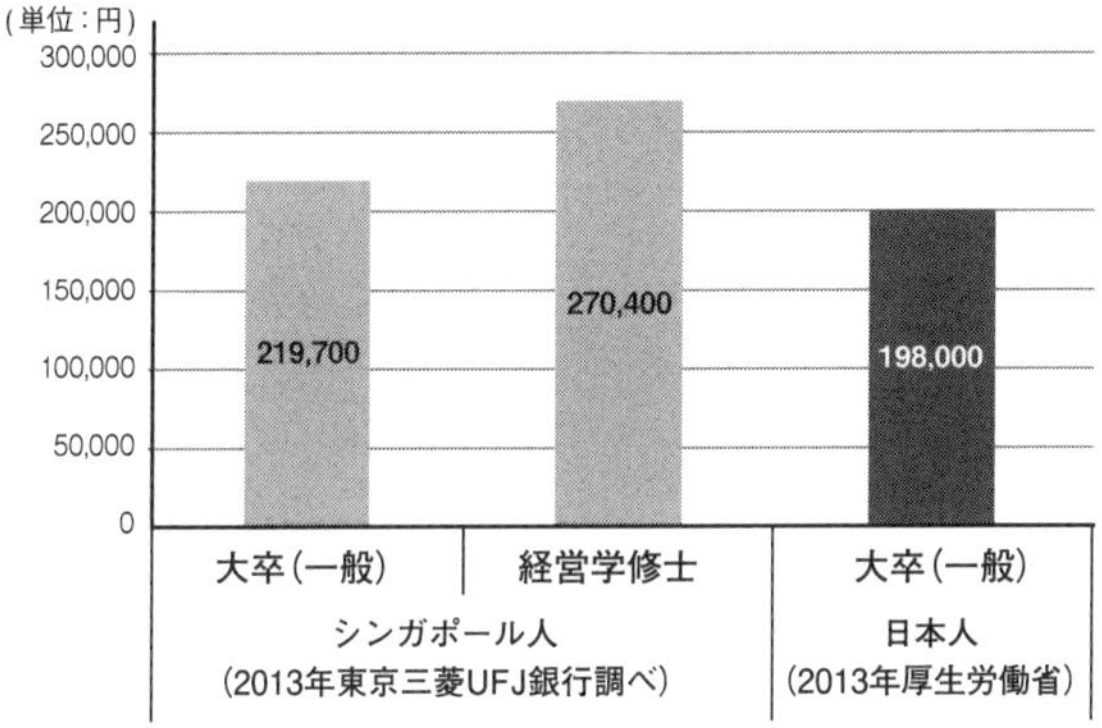

出所：「2013 年東京三菱 UFJ 銀行調べ」「2013 年厚生労働省」

これらの仕事には、かなりの英語力および業務スキルが求められるのは、前述した通りですが、基本的にはシンガポールに進出している企業に対する営業やサポートの仕事が多く、きちんとした日本人としてのビジネスマナーや言葉遣いといった素養も求められます。

日本企業の採用以外にも、各国のグローバル企業の求人も数多くあり、待遇も非常に良いものが多いです。

ただし、こちらも求められる英語力およびビジネススキルは非常に高く、能力が認められないと、すぐに退職を迫られるという厳しい環境の中で仕事をすることになります。

シンガポール現地スタッフの一般的な給与水準

シンガポール人および日本人の大卒初年給の水準を比較しました。このデータを見る限り、大卒初年給の水準で見ると、日本人の国内平均よりもシンガポール人の平均給与のほうが高いことが見て取れます。

一般的な日本人現地採用の給与も、現地人スタッフと比較した場合、あまり変わらないか、現地人スタッフのほうが多いケースもよくあるということも、このデータを見ると伺えます。

ビザの発給条件について

一般的に日本人がシンガポールで働く場合、①Sパス、②管理・専門職向け雇用許可書(EP: Employment Pass)のいずれかを申請しなければなりません。

それぞれのビザについては申請要件、配偶者ビザを申請できる条件・対象者等に違いがあり、留意する必要があります。

シンガポールのビザの取得要件

ビザの種類	EP(P1)	EP(P2)	EP(Q1)	S
申請条件	一定以上の学歴もしくは特殊スキルを持っている	一定以上の学歴もしくは特殊スキルを持っている	一定以上の学歴もしくは特殊スキルを持っている	専門学校、短期大学もしくはそれらと同等かそれ以上の学歴
	8,000Sドル以上の月額固定給料	4,500Sドル以上の月額固定給料	3,300Sドル以上の月額固定給料	2,200Sドル以上の月額固定給料
配偶者ビザを申請できる条件	無条件で申請可能	無条件で申請可能	月額給与が4,000Sドル以上	月額給与が4,000Sドル以上
配偶者ビザを申請できる対象者	配偶者	配偶者	配偶者	配偶者
	21歳以下の未婚で、法律上子供にあたるもの	21歳以下の未婚で、法律上子供にあたるもの	21歳以下の未婚で、法律上子供にあたるもの	21歳以下の未婚で、法律上子供にあたるもの

出所：複数の人材紹介会社へのヒアリングを基に作成

Sパス：申請条件としては、専門学校、短期大学もしくはそれらと同等かそれ以上の学歴を有することと、月額固定給料が2200ドル以上であること。

EP（エンプロイメントパス）：一定以上の学歴（※1）と最低3300ドル以上の月額固定給料であることが申請条件。

（※1）学歴については、公表されてはいませんが、出身大学等の学歴により、取得できるEPは異なってくるので留意が必要です。

また、EPには、Q1とP1、P2の3種類ありますが、申請条件は月額の固定給料額によって異なります。

P1：8000Sドル以上

P2：4500Sドル以上
Q1：3300Sドル以上

ビザの厳格な取得要件は、シンガポール就職に際してのハードルが高い理由の一つになっています。このような厳格なビザの取得要件は、シンガポール自国民の雇用を守る意味もあり、さらに各法人ごとにSパス、エンプロイメントパスの上限も決まっています。

近年、ビザ取得要件は厳しくなる傾向にあり、ルールは頻繁に変わりますので、転職エージェントなどへ最新情報の確認を行うことが必要になってきます。

生活や物価の状況はどうか？

住居について

シンガポールの住宅は、大きく以下のように分けられます。

・HDB（18万円〜）：シンガポール国民の8割が住んでいる公団住宅

・コンドミニアム（30万円～）：プール、ジム、警備などの設備が整った民間住宅
・プライベートアパートメント（20万円～）：プール、ジムなどの設備のない民間住宅
・一軒家（100万円～）：かなりのお金持ちのみが住んでいる

シンガポール国民の大部分は、ＨＤＢという公団住宅に住んでいます。

ＨＤＢは、シンガポール国籍があるものに限り、安く買い受けることができるのですが、私たち外国人は、直接購入することはできずに、賃貸に出されたＨＤＢに住むことになります。

駐在員の多くは会社が住居費を負担してくれるため、コンドミニアムに住むことが多いのですが、シンガポールの家賃は非常に高く、30万円～というのが一般的なため、現地採用の給料では難しいでしょう。

賃貸に出されたＨＤＢであっても家賃は18万円～と高額です。そのため現地採用の日本人の多くはＨＤＢやコンドミニアムを、ルームシェアする形で生活をするケースが多くなっています。

その場合は、６万円～10万円の家賃で生活することが可能になります。ただシェアハウ

スといってもベッドルームのほかに、バス・トイレもプライベートな空間として確保されている物件も多くあります。

また交渉次第では、リビングやダイニングも使用できることもあります。

さらに生活に必要な家具類や電化製品は、備えつけのある物件がほとんどのため、生活のための初期投資はある程度抑えることができます。

ただ、独立した1ユニットを借りる場合、間借りをする場合ともに、入居時の費用は、デポジットとして1～2カ月分と1カ月目の家賃の合計2～3カ月分が必要となります。

物価水準について

シンガポールの物価ですが、日本の物価水準と同じか、やや高いという程度です。

食事については、地元の人が通うローカルレストランで食べると若干安くあがりますが、ホテルや住居費などの費用については国土が狭い都市国家ということもあり、かなり高めです。

また、同じものでもスーパーマーケットで買うか、コンビニで買うかによって値段が大きく異なります（スーパーマーケットよりコンビニのほうが割高)。主な商品やサービス

シンガポールの物価水準

レート　80
2016年現在

	日本	シンガポール		
	円	Sドル	円換算	比較
コンビニ				
水ペットボトル500ml	105	2.75	220	210%
コーラペットボトル500ml	150	2.80	224	149%
ビール缶350ml	217	2.75	220	101%
ポテトチップス1袋	150	2.40	192	128%
プリングルス1缶	300	3.70	296	99%
メントス1本	100	1.25	100	100%
カップ麺	200	1.80	144	72%
菓子パン1個	120	1.50	120	100%
弁当1個	450	7.00	560	124%
スーパー				
米5kg	2,200	7.00	560	25%
キャベツ1玉	250	2.00	160	64%
すいか1個	2,000	5.20	416	21%
牛肉100g	400	2.90	232	58%
総菜1パック	250	3.50	280	112%
寿司1パック	400	10.00	800	200%
日本スーパー				
日本米5kg	2,200	28.00	2,240	102%
納豆1パック	30	1.10	88	293%
うどん1玉	50	1.80	144	288%
カレー粉	250	6.00	480	192%
ポッキー1袋	140	3.60	288	206%
醤油1瓶	250	10.00	800	320%
ふりかけ1袋	160	4.50	360	225%
その他				
日本の書籍	1.0倍	1.4倍	ー	
地下鉄初乗り	160	1.10	ー	
タクシー初乗り	710	3.20	256	36%

出所：シンガポール在住者へのヒアリングを基に作成

の物価水準は次の通りです。

食事

レストランでの食事は、日本のレストランでの食事に比べたらやや割高感があります。アルコールが日本よりも高めで、ちょっとしたレストランでは生ビール1杯1000円程します。一方でローカルレストランやフードコートでは、ある程度気軽に食事を取れるレベルの価格です。日本食レストランでは普通にラーメン一杯1000円以上はします。

食料品

買う場所によって大きく異なりますが、スーパーマーケットで買うと、日本よりやや安めの印象を受けました。ただコンビニで買うと、かなり割高になります。

ホテル

ホテルのグレードによってかなり異なりますが、他のアジア諸国と比べて当然高いです。安めのビジネスホテルでも10000円前後はします。

交通費

シンガポール公共交通機関が発達しているため、日本と比べて割安に公共交通機関を利用できます。

バスやＭＲＴ（鉄道）の初乗り運賃は１ドル以下です。公共交通機関の車内は安全で、誰でも簡単に乗ることができます。また、タクシーも日本と比べると割安です。

シンガポールのまとめ

まず入社時のハードルは、他のアジア諸国と比べてかなり高いと感じました。

①英語力、②職務遂行能力の２つの敷居が高いということと、先に記載しました通り、年々ビザの発給要件が厳しくなっており、シンガポール側の企業も、日本人を雇いにくくなってきています。

入社後の生き残りも、厳しくなってきているようです。

ある人材エージェントにお話によると、企業の人材を見る目は厳しく、「デッド・オアア・アライブ（生きるか死ぬか）」的に、成績下位20％の人については、翌年契約を行わない企業もあるそうです。

このような環境でサバイブしていくのは厳しいですが、このような環境で切磋琢磨していくことは、人材としての市場価格を上げる意味では非常に素晴らしいと思います。

また、シンガポールは仕事ができる人にとっては、成果と報酬の関係がフェアであるため、非常にビジネスをしやすい環境だと思います。

ただ、すべての企業が厳しいというわけではなく、お話を伺った現地採用の方の中には、英語力もさほどでもないケースの方もいらっしゃいました。

彼は日系の建設会社で、ＣＡＤを使って製図をする仕事についていましたが、まだ見習いという状況でも、伸び伸びと仕事をされていました。

幅広い業種や職種、ポジションから自分のやりたいことを見つけられるという意味でも、シンガポール就職は魅力的だと思います。

第5章

アジア就職でチャンスを掴んだ先輩からのメッセージ

【マレーシア・クアラルンプール】矢口文隆さん（33歳）

一流の同時通訳者を目指す！超戦略的なアジア就職のお手本

インタビューをさせていただいた当時、矢口さんはマレーシアのクアラルンプールで、通訳・翻訳担当として、日本とマレーシアの合弁アニメ制作会社で仕事をしていました（現在はシンガポールにある日系企業に転職してさらなる活躍をしています）。

日本でも話題のCGを駆使したアニメーションを制作している会社です。僕も見ましたが凄いクオリティでビックリしました（ちなみにエンディングのテロップには彼の名前が掲載されています）。

そして、そこで活躍されている矢口さんも、かなり凄いです。何が凄いかというと、超戦略的にアジア就職を手段として使っているのです。これからアジア就職をしようとしている方は必見です。

「通訳になりたくて通訳学校で勉強したものの仕事がない。というわけで、インドにて翻訳・通訳として就職しました」

岡本：矢口さんは現在マレーシアで通訳、翻訳としてお仕事をされているとのことですが、マレーシアに来る前はインドでお仕事をされていたと伺いました。どのようなキャリアを歩いていらっしゃったのですか？

矢口：僕は元々、学校の英語の教師をしていました。でも、どうしても通訳になりたくなって通訳学校に2年間通い勉強したのですが、実務経験がないので仕事がなかったんです（苦笑）。どうすれば通訳・翻訳としてキャリアをスタートできるかを考えて調べているうちに、インドの会社なら就職できるかも？　とふと思いつき、履歴書を送りました。

すると一社目で採用されました。たぶん、ほとんど日本人の通訳・翻訳の応募者がいなかったのだと思います（笑）。僕は、通訳・翻訳としてのキャリアを「0」から「1」にするために、インドで就職しました。この会社（ＩＴ関連）で2年間ほど仕事をした後、マレーシアとシンガポールで就職活動をして3社の内定を得ました。それで通訳の仕事を一番任せてもらえそうな今のマレーシアの会社を選びました。

岡本：矢口さんの今後の目標や夢を聞かせてください。

矢口：最終的な目標はフリーランスの通訳として、例えば国際会議に呼ばれるレベルになることです。ただ、そこに辿り着くためには、まだまだスキルや経験が足りません。

現在のマレーシアのアニメ制作会社では、通訳をメインにやらせてもらっていますが、まだ国際会議で、同時通訳ができるまでの実力はありません。会社内での仕事は、全体の背景や業務内容を把握しているので、大体は同時通訳も可能なのですが、それらを把握していない一般的な会議での同時通訳は、まだ難しいですね。

「自分は通訳・翻訳の世界ではメインストリームを歩いてはいません。だからこそ歩むべき道があり、僕にしかできないことがあるはずです」

岡本：矢口さんは自分の強みと弱みを把握して長期的な観点に立って将来の方向性を決め、それを実行していますね。

矢口：通訳業界を見た私の印象ですが、同時通訳としてトップクラスで活躍している人は、例えば金融系とか法律系などで現場経験がある人が、同じような背景の会社で通訳としてのキャリアを始めるパターンか、きちんとした日本語力もある英語圏帰国子女、というパターンの成功率が高い気がします（私のような日本生まれ、日本育ちももちろんいますが）。ただ、それだけでは駄目で、通訳学校に通ったり、海外の通訳翻訳大学院に進学するケースがメインストリームだと思います。

私は帰国子女のような英語力も無いですし、元教員なので、関連する現場もほとんどありません。通訳学校時代に講師から「あなたなら何とか現場でもやっていけそうなんだけどねぇ…」と（多分リップサービスで）言われながらも、仕事がない。

結局、そのメインストリームに入れない以上、自分の場合はこのまま勉強してもちょっと時間がかかりすぎるなぁ、と感じ始めました。でも、だからこそ、どうしようかなって考えて、選択をしました。

岡本：具体的にはどのようなことでしょうか？

矢口：競争が激しい業界なので、私のような普通の日本人や後から始めた人がメインストリームでやっていくのは、ちょっと難しいのです。そこにはベテランや実力者がたくさんいますので。だからいきなりゴールを目指すのではなく、むしろ、一見遠回りでも、あえて他の人が進まない（インドなどの）道を進む中で、徐々にゴールに近づいていくほうが良いこともあるのでは、と思います。多くの人がやらないところにチャンスがあります。

岡本：なるほど。でも大変ではありませんか？

矢口：やれない理由を挙げるのは簡単です。

でも結局は「やりたいのか？」「やりたくないのか？」という問いを自分にしてみて、やりたいと思うならば、やるべきなのだと思います。

みんな格好良くやろうとしすぎなんです。自分はあくまで後発で、もっとスキルの高いベテランや実力者がゴロゴロいます。まずはその土俵を避けて自分が戦える場所を見つけて、そこで経験と実力を積めば良いのだと思います。

「通訳をするならマイノリティの中で仕事をする、という経験をすべきだと思います」

矢口：例えば、通訳の実力者でも、イギリス訛りの強い英語は難しいという方もいらっしゃいます。インドイングリッシュもそうですし、シングリッシュ（シンガポール訛りの英語）もそうです。マレーシアの英語も独特です。文法が適当なので、時制がコンテクストからして過去系なのに不自然なところで現在形に、そしてなぜか過去完了形の使い方を間違えていたり、といったことが起きたりします。そのような英語は適応するのに少し時間がかかります。

でも、僕はそこで仕事をしてきていますので、なんとなくそういうのは文脈とかで言いたいことがわかるんですね。今後、ビジネスの世界ではそういった英語ノンネイティブの国々がもっと力を持ってくるので、それに対する慣れがあるというのは、経験として悪くないと思っています。

岡本：そうですね。ビジネスで言えばアジアでの活躍の場は今後増えていくと思います。

矢口：また、僕のように海外を渡り歩いていると常に自分がマイノリティとして仕事をすることになりますが、僕は通訳をするなら自分がマイノリティになる経験がある程度必要だと思っています。

なぜなら、例えば日本でのビジネス会議の場では、通訳対象が外国人ひとりで、まわりは日本のおじさんばかり、といった感じが多いじゃないですか。そういった中で、相手がどう感じるかというのは、その立場にならないとわかりません。私はインドでは、社員が

1400人いる開発センターで、日本人が一人という状況でした。そういう場面でどう感じるか、ある程度想像がつきます。

これを逆の日本に住む外国人の立場で考えてみてください。インドでも、私は英語がしゃべれたから大丈夫ですが、外国人にとって、英語ができない日本人に囲まれる日本での生活は、決して楽ではないと思います。そんな中、通訳が目の前の人の気持ちを想像しながら話をして、一緒に仕事をする中で、相手との信頼関係を築けると、我々の仕事の価値も上がると思います。

また、インドやマレーシアで生活をした経験があるので、食習慣や宗教など、日本に住んでいたらわからない点などもわかります。ちょっとした気遣いができるだけでも、クライアントとの接し方や仕事の質は大きく変わると思います。

「キャリアはその人の生き方そのものだと思います」

岡本：すごいですね。そこまで考えて、海外でのキャリアを歩んでいる人に初めて会いました。

矢口：最初はあんまり考えていなかったのですけどね（笑）。ただ、ある意味でキャリアはその人の生き方そのものだと思います。計画的、戦略的に作っていくべきです。ただ、それだけでは足りなくて。自分の信じた道を進む中で、さまざまな出会いや経験をしながら、そこでの偶然性も生かしながら、自分らしいキャリアを作っていけば良いと思います。

岡本：まだしばらくマレーシアでお仕事をされるのですか？

矢口：実は、シンガポール辺りに移ることも考えていました（インタビュー当時。既にシンガポールの会社に転職済み）。ただ、今の会社でやりたい仕事がまだ残っていますし、会社からも残ってほしいという打診を受けました。それで会社と給料などを交渉した結果、もう少しなら残ってもいいかなと思いました（笑）。社内でも、僕の力と仕事ぶりを評価してくれた人がいて、そういった人の後押しがあったのかもしれません。

岡本：さすがですね。しっかりしている（笑）。

矢口：そもそも、マレーシアにおいて、日本人で通訳の仕事ができる人はとても少ないので、そのような希少性も評価されたと思っています。あと、僕は常に他国の通訳業務の仕事の相場もウォッチしていますので、「シンガポールに移ればこれくらいで、インドならこれくらい」という相場勘も出しながら交渉しました。こういったことは、インドでの経験がものをいいました。あそこではサバイバル能力がつきましたね（笑）。

岡本：矢口さんの最終目標は何ですか？

矢口：日本人の通訳市場が一番大きいのは日本なので、最終的には日本で働きたいと思っています。でもその前に、シンガポールの大手日本企業で、通訳の仕事をすることを検討しています。

そこで2～3年、仕事をすると、自分も通訳・翻訳の業界で、少しはメインストリームに戻ってきた感が出てくるのではないでしょうか。そこでキャリアを積めば、日本での通訳の仕事もできると思います。最終的にはフリーの通訳として国際会議に参加するレベルに至ることですが、一歩一歩進んで行く感じですね。

読んでいただいて感じられたと思いますが、矢口さんのキャリアの描き方は非常に戦略的で、したたかです。あくまでアジア就職を自分の夢や希望を叶える手段に使っています。しかし同時に、彼の仕事のやり方からはプロフェッショナルとしての誇りも感じられました。普段の仕事ぶりが素晴らしいからこそ、今の会社に移れたと思いますし、待遇面の交渉もできたのだと思います。

先日（インタビューの2年後）、矢口さんと再会してその後の近況を伺いました。現在は、当初の予定通りシンガポールにある一部上場日系企業で通訳・翻訳の仕事をされています。インド人の上司と一緒に、タイ、ベトナム、中国、ドイツとアジアだけではなく、世界中を駆け回ってご活躍されているとのこと。シンガポール人の女性とも国際結婚をされて、シンガポールを拠点に生活をされています。

将来的には、プロフェッショナルとして、語学のスキルを高めつつ、さまざまなビジネスにおける現場を経験し、さらなる高みを目指しているとのことでした。

次のステップを視野に入れつつ、相変わらず戦略的にキャリアを歩まれる矢口さんと再会して、頼もしさとたくましさを感じました。

彼のような、海外で活躍する日本人が増えてくると、もっと面白い世の中になると思いました。

【シンガポール・メキシコ】前田幸成さん（27歳）

すでに数カ国での仕事経験を持つ27歳若手ビジネスマンの行動力

次にご紹介するアジア就職経験者の前田さんは、オーストラリアでの語学留学、インターンを経て、シンガポールでの現地採用就職、現在はメキシコに海外駐在員として仕事をしている方です。

シンガポールからメキシコへと国をまたぎ、なおかつ、現地採用から海外駐在員と雇用される形態も変化している点で、面白い経歴の持ち主だと思います。

「きっかけは韓国出張での悔しさからです。それなりだと思っていた英語力がまったくでした」

岡本：前田さん、よろしくお願いします。
前田：よろしくお願いします。
岡本：現在27歳と伺っていますが、既にオーストラリア、シンガポール、メキシコと3カ国でお仕事をされているとのこと。どのようなご経歴をお持ちなのでしょうか？
前田：変わっていると言えば、かなり変わっていますよね（笑）。僕は外大のスペイン語学科を卒業しているのですが、高校時代に「これから社会で活躍するには英語プラスもう一言語必要だ」と思っていました。
英語は別に得意ではなかったのですが。ただ、大学卒業後は、神戸でリサイクル商社に入社して、営業兼工場管理のお仕事をしていました。ほとんど語学には関係ないですね（笑）。
岡本：どのようなきっかけで、グローバルに活躍されるようになったのですか？
前田：きっかけは、その就職先で韓国出張をさせていただいたときです。そのとき、既に英語は少し勉強していたため、通訳として同行させてもらいました。でも、その出張先ではまったく英語力において歯がたたず、何の役にも立てなかったんです。
しかしそのとき、クライアントの韓国人の若い女性が、見事に通訳をしてくれて事なきを得ました。ただその姿を見て「悔しい！」という思いと共に、「これではダメだ」という強い危機感を抱きました。それでインターンもさせてもらえる、オーストラリアの語学学校に留学をすることを決めて、実際に留学をしたのが海外で働くきっかけになりました。

「インターンとしてオーストラリアで働くも、ここにいたらダメになると思い、シンガポールへ」

岡本：なるほど。その後、シンガポールで働かれることになるまでの経緯はどのようなものだったのでしょうか？

前田：オーストラリアでインターンをして気がついたのですが、彼らはとてものんびりと働いているんですね。9時に出社して5時まで働いて、6時にはビールを飲んでいる。人によっては昼休みからビールを飲んでいたりします（笑）。

それで、この環境にいるとダメになると思いました。もっと厳しい場所で、きちんと働きたいと思ったのです。そこでアジアのビジネスの中心であるシンガポールを、友人のツテを辿って見にいきました。そこでアジアの最先端の現場で働く人たちをみて、「ここで働きたいな」と思ったんです。

岡本：どのようにシンガポールでの就職の準備をしていったのですか？

前田：まずはアジア就職を紹介している会社に連絡を取り、英語での履歴書などの添削を受けたり、アジア就職についての情報収集をしました。そこで、あるシンガポールの人材紹介会社を紹介していただきました。

現地の採用状況や生活について、アドバイスをもらうとともに、求人情報の提供を受けました。その中の求人情報の一つが、今働いている会社です。求人条件は「英語とスペイン語ができる人」「体育会系の人だとなお良し」というものでした（笑）。

シンガポールで面接を受けて、その後、たまたま出張でマレーシアにいる社長を現地まで訪問して、面接をしていただきました。それでめでたく採用され、２０１３年7月からシンガポールでの業務が始まりました。

岡本：すごい行動力ですね。就職する際に苦労されたことはありますか？

前田：僕の場合はとても恵まれていたと思います。シンガポールの転職エージェントからは20件ほど求人情報をいただきました。彼らからは、２週間ほどで、今働いている会社の求人情報をもらったと思います。

また、メールで面接の対応の仕方を教えていただいたりしました。

「シンガポールの大手鉄鋼会社の販売子会社に就職。かなりチャレンジングでしたが、良い経験になりました」

岡本：シンガポールでの、具体的なお仕事はどのようなものだったのでしょうか？

前田：2ヶ月ほど研修を受けた後、シンガポールでの業務がスタートしました。会社は大手の鉄鋼会社の販売子会社で、金型の販売などを行う会社です。

私はフィリピンを担当することになりました。担当するといっても、これから営業をスタートするという状況からのスタートです。上司と2人、現地の販売代理店と組みながら、営業を行っていきました。工場の納期管理も任されていて、毎月1週間ほどは、フィリピンのマニラやセブに出張していました。

その後、すぐに一人でフィリピンを担当することになりました。本格的なアジアでの就職は初めてだったのですが、右も左もわからないまま、いきなり放り込まれたという感じですね（笑）。かなりチャレンジングでしたが、良い経験になりました。

岡本：うわ〜、それはまた大変でしたね。そこで適応されて、業務をこなされたのはすごいと思います。シンガポールでの生活はどうでしたか?

前田：シンガポールは、とても住み易い環境だと思います。物価は高いですが、生活水準は自分で選べるため、節約は可能です。私は現地採用で就職していたので当時はあまりお金もなくて、ホーカー（大衆食堂）で食事をしていました。そこでは、色んな国の食べ物を食べることができましたし、美味しかったので満足していました。

日本人の方とシェアハウスをして生活をスタートしましたが、シェアハウスにも関わらず、家賃は1ヶ月10万円くらいかかりました。給料の半分は家賃に消えるという有様で、苦しくなって家賃6万円程度のシェアハウスに引っ越しをしました。最初は少し大変でしたが、楽しく生活を送っていましたよ。

「3月に日本本社の工場見学に行き、そこから急展開で6月にはメキシコにいました」

岡本：今はメキシコに赴任中だとお聞きしています。どのような経緯でメキシコに赴任されたのですか？

前田：２０１４年の３月に、日本の本社に工場見学に行きましたが、そのときに日本の本社に転籍を打診され、メキシコ赴任のお話をいただきました。

その日は4月1日でしたから、リアルにエイプリルフールだと思いました（笑）。それで5月は日本で業務を行い、6月には既にメキシコにいました。

岡本：入社して1年も経っていないのに、随分急な話ですね。

前田：はい。私自身もびっくりしました（笑）。でも、今改めて振返ってみると、高校時代に「これからの時代は英語＋もう一言語が必要」だと思い、外国語大学に行ったことが、ここですべてつながったと思います（※メキシコはスペイン語圏）。

岡本：メキシコでのお仕事はどのようなものですか？

前田：ここでの担当は、会社の立ち上げです。上司と2人、ゼロから会社を登記・設立するところから始めました。メキシコは自動車の製造が盛んなので、チャンスがあると会社は判断して進出を決定したのですが、すべてはこれからです。

私たちは、ビジネスを設計するところから行うことになりました。会社の主要なビジネスが金型の材料の加工、販売や表面処理サービスになりますので、そもそもその製品・サービスが現地で受け入れられるかの調査からのスタートです。

駐在といっても社員は私を含めて2名しかいませんので、会社設立、法務、会計税務、営業など全ての業務を自分たちで手がける必要があります。メキシコはインフラもまだまだ整っていませんし、賄賂がはびこっている環境です。その中で手探りで仕事を創っていって、やっと方向性が定まりつつあります。今年から工場の新設を行い、来年から製造をスタートさせる予定です。

「行動しないで諦めるのはもったいない。狭い日本から一歩踏み出すと、世界は広がります」

岡本：発展途上国で仕事をゼロから作っていくことは、僕も経験がありますから、その大変さはよくわかります。これから海外で働くことを検討している方へのメッセージをいただけますか？

前田：私はもし海外に出たいと思ったら、まずは飛び出してみるのが大切だと思います。「やってみたい！」と思っても、行動をせずに諦めてしまうのはもったいないです。一歩踏み出すと、世界も人生の幅も広がります。

日本は狭いですし、出る杭は打たれるという文化もあります。世界に出るとぶっ飛んだ人も多いですし、感化されることも多々あります。

私は大学までは、ずっと皆が乗るレールの上にいましたが、そこを思い切って外れてオーストラリアに行くことで、一気に人生の選択肢が広がりました。進むたびに次の扉が開いていく感じです。今はこれからのことを考えるとワクワクしています。日本から飛び出そうとしている人には、ぜひ思い切ってその道を歩まれることをお勧めします。

ダイナックな人生を歩まれている前田さんですが、彼はまだ27歳（インタビュー時点）です。語学の素養がある程度あったとはいえ、つい2年程前までは普通に日本でサラリーマンをされていました。

それが「オーストラリア→シンガポール→メキシコ」と世界中で仕事をされています。しかも現地法人や工場の立ち上げという、チャレンジングな業務を行っています。

海外ですと、日本人の人手が足りないため、新人であってもこのようなチャンスに巡り会うことはたくさんあります。

この後、実は彼とは今後のキャリアについての話をしています。ここでの掲載は差し控えますが、現在の日本の閉塞感の中で仕事をしている人とは、まったく違った未来を見ています。

もう一度言いますが、彼はまだ27歳です。すごいですよね。彼のような日本人がもっともっと出てくる社会であってほしいと思いました。

おわりに

2011年4月、私たちは夫婦で世界一周の旅に出ました。当時、私は日本でサラリーマンとして働いていましたが、そこでのキャリアを捨てての出発になりました。

そして今は、フィリピンのセブおよび日本に「旅人たちの英会話スクール CROSS × ROAD」と海外キャリアコーチングを主体事業とした「ビヨンドザボーダー株式会社」を立ち上げて運営を行っています。

また、私の同僚の先輩はベトナムのハノイで職を得て、ご家族を連れて移り住みました。給料は半分になり、お子さんを現地のインターナショナルスクールに入れたため、貯金を切り崩しながら生活をしていました。

現在は、ご自身で会社を立ち上げて事業を開始しています。

「はじめに」で紹介した女性や同僚、私たちの生き方を見て、アジアでの不安定なキャリアを選択せず、日本に留まれば良かったと笑う人もいます。

確かにアジアでのチャレンジを始めた当初は、私の同僚も日本で働いていたときから比べて、給料は大幅に減り、不安定な状態に置かれていたと思います。

もし、あなたが今、日本でサラリーマンとして安定した恵まれた立場で仕事をしているのであれば、アジアで仕事をするためには、リスクを取り、今この日本で仕事や生活するという現実（＝安定）を一旦、脇に置く必要があります。

それでも、私たちがアジアで働くことを選んだ理由は何だったのでしょうか？

これからあなたがアジア就職という選択肢を取るとしたら、その理由は何でしょうか？お金を稼ぐためでしょうか？　それとも別の何かを得るためでしょうか？

私がアジアで就職することを検討する際にみなさんに持っておいていただきたい視点があります。

それは「アジア就職＝未来の自分への投資」であるというものです。

もちろん、就職をして仕事をするのですから、給料や待遇に関心を持つことは当然でしょう。しかし、あなたが言葉も文化も違う異国で挑戦する理由は、本当にそれだけでしょうか？

私は違うと思います。なぜなら、アジア就職は給料や待遇を得るための手段であること以上に、あなたにより大きなリターンをもたらす未来の投資になるからです。

そのリターンはあなたのキャリアを広げる「可能性」であり、人としての、社会人としての「成長」です。

リスクを取り、最も大切なあなたの時間という原資を投資するのです。メリットが投資のリターンとして十分でなければその価値はありません。

これらは今のあなたにとって価値があるものでしょうか?

もし、あなたがアジア就職にチャレンジするのであれば、これらのリターンを是が非でも掴みにいってほしいと思います。

さらに言えば、「ここで得られたリターンを将来、一体あなたにとって大切な何に使うのか?」ということも考え続けながら、日々を過ごしていただきたいと思います。

今のあなたはその対象が見つかっていないかもしれません。しかし、それを模索しながら仕事を続ける日々は、とても意義深いものになるはずです。

今回、アジアを含む海外で働くという選択肢があるということをみなさんに知っていただきたいと思い、この書籍を執筆させていただきました。

日本国内では、非正規雇用の拡大に伴うワーキングプアの立場で仕事をしている人々が増大しています。また、一度そのような状況に置かれた人々はそこから這い出すことができず、将来に希望が持てないという状況が続いています。

残念ながら、そのような状況は今後さらに進展していくことが予想されます。私はそのようなキャリアの行き詰まりを打破する一つの選択としても、アジア就職はもっと注目されるべきだと思い、今回このような本を執筆させていただきました。

アジア就職は、あなたの未来のキャリアへの有力な投資に成り得ます。そしてそのような個人が増えていくことは、今停滞する日本社会や日本経済にとって良い影響を与えることになると信じています。

この本をここまで読んでいただいた皆様には一度、深くこれまでの日本の歩みと今後の予想、さらにはご自身のキャリアの展望について考えていただければと思います。

みなさんが世界を舞台に自分らしいキャリアを描けることを願っています。

岡本琢磨

岡本琢磨（おかもと・たくま）
海外キャリアコンサルタント・公認会計士
Beyond the Border（ビヨンドザボーダー株式会社）代表取締役
フィリピン・セブ英語学校CROSS×ROAD（クロスロード）代表
1979年5月8日生まれ。慶応義塾大学経済学部卒。
公認会計士2次試験合格後、コンサルティング会社に入社し、主に株式上場支援、内部統制構築支援、事業再生支援を担当。
その後、夫婦でフィリピン留学をし、世界一周の旅を経て、フィリピン・セブにて英語学校「CROSS×ROAD（クロスロード）」を開校。これまでに600名を超える日本の若者と関わり、彼らのキャリアの相談を行う。アジアを中心とした30社を超える現地の人材紹介会社を訪問し、アジア就職のリアルを取材。アジア就職についての情報発信及び、その啓蒙活動を行っている。

キャリア・シフト　人生戦略としてのアジア就職

2017年3月9日　初版第1刷発行

著　者　　岡本琢磨
発行人　　佐藤有美
編集人　　安達智晃

発行所　　株式会社経済界
〒107-0052　東京都港区赤坂1-9-13　三会堂ビル
出版局　出版編集部　☎03（6441）3743
出版営業部　☎03（6441）3744
振替　00130-8-160266

http://www.keizaikai.co.jp

編集協力　　エディット・セブン
印刷所　　株式会社光邦

ISBN978-4-7667-8610-1